Sarah Wuttke

Ehrenamtliche Helfer in der Flüchtlingsarbeit

Schulungskonzept für die Arbeit mit Menschen aus Syrien

Diplomica Verlag GmbH

Wuttke, Sarah: Ehrenamtliche Helfer in der Flüchtlingsarbeit. Schulungskonzept für die Arbeit mit Menschen aus Syrien, Hamburg, Diplomica Verlag GmbH 2017

Buch-ISBN: 978-3-96146-517-0
PDF-eBook-ISBN: 978-3-96146-017-5
Druck/Herstellung: Diplomica® Verlag GmbH, Hamburg, 2017
Covermotiv: © pixabay.de

Bibliografische Information der Deutschen Nationalbibliothek:
Die Deutsche Nationalbibliothek verzeichnet diese Publikation in der Deutschen Nationalbibliografie; detaillierte bibliografische Daten sind im Internet über http://dnb.d-nb.de abrufbar.

© Diplomica Verlag GmbH
Hermannstal 119k, 22119 Hamburg
http://www.diplomica-verlag.de, Hamburg 2017
Printed in Germany

Inhaltsverzeichnis

Abbildungsverzeichnis

Tabellenverzeichnis

Abkürzungsverzeichnis

AfD	Alternative für Deutschland
BAMF	Bundesamt für Migration und Flüchtlinge
CDU	Christlich Demokratische Union Deutschlands
DDR	Deutsche Demokratische Republik
EU	Europäische Union
FSA	Freie Syrische Armee
IS	Islamischer Staat
NPD	Nationaldemokratische Partei Deutschlands
NRW	Nordrhein-Westfalen
Pegida	Patriotische Europäer gegen die Islamisierung des Abendlandes
PTBS	posttraumatische Belastungsstörung
SPD	Sozialdemokratische Partei Deutschlands
UN	United Nations/ Vereinte Nationen
UNHCR	Amt des Hohen Kommissars der Vereinten Nationen für Flüchtlinge (United Nations High Commissioner for Refugees)
US	United States/Vereinigte Staaten
USA	United States of America/Vereinigte Staaten von Amerika
WHO	World Health Organization (Weltgesundheitsorganisation)

1 Einleitung

Die vorliegende Studie befasst sich mit der Entwicklung eines „Konzept[s] zur Schulung ehrenamtlicher Helfer in der Arbeit mit geflüchteten Menschen aus Syrien". Die Autorin hat im Jahr 2015 immer wieder mit Schrecken in den Nachrichten verfolgt, wie sich die Situation in Syrien entwickelt und wie immer mehr Menschen aus Syrien versuchen, den oft tödlich endenden Fluchtweg über das Mittelmeer zu nutzen, um in die Europäische Union (EU) zu gelangen. Bereits im Frühjahr 2015 bildete sich ein Kreis Ehrenamtlicher in der Heimatstadt der Verfasserin, der sich um die geflüchteten Menschen vor Ort kümmern wollte. Auch der Vater der Autorin engagierte sich stark in der Unterstützung der Flüchtlinge, so dass die Autorin zu Hause immer wieder von einzelnen Schicksalen erfuhr. Dabei klang häufig an, dass es den einzelnen Helfern vor Ort an Informationen zum Umgang mit den Flüchtlingen, deren normalen Lebensgewohnheiten und zum Umgang mit traumatisierten Menschen fehlte. Schon bald entstand bei der Verfasserin die Idee, ein Konzept zu entwickeln, wie man ehrenamtliche Helfer so schulen kann, dass sie den Herausforderungen im Umgang mit geflüchteten Menschen gewachsen sind.

Seit im Jahr 2011 der Bürgerkrieg in Syrien ausgebrochen ist, sind bis August 2016 4,8 Millionen Menschen aus Syrien geflüchtet (Mediendienst Integration, 2016). Eine Person ist nach der Genfer Flüchtlingskonvention ein Flüchtling, wenn sie begründet aus

> Furcht vor Verfolgung wegen ihrer Rasse, Religion, Nationalität, Zugehörigkeit zu einer bestimmten sozialen Gruppe oder wegen ihrer politischen Überzeugung sich außerhalb des Landes befindet, dessen Staatsangehörigkeit sie besitzt, und den Schutz dieses Landes nicht in Anspruch nehmen kann oder wegen dieser Befürchtungen nicht in Anspruch nehmen will; oder die sich als staatenlose [sic!] infolge solcher Ereignisse außerhalb des Landes befindet, in welchem sie ihren gewöhnlichen Aufenthalt hatte, und nicht dorthin zurückkehren kann oder wegen der erwähnten Befürchtungen nicht dorthin zurückkehren will. (United Nations High Commissioner for Refugees, 1951, S. 2, Artikel 1A Abs. 2).

Die Genfer Flüchtlingskonvention, der sich 143 Staaten verpflichtet fühlen, dient als Rechtsgrundlage zum Schutz von Flüchtlingen. Über die Einhaltung der Inhalte wacht das Amt des Hohen Kommissars der Vereinten Nationen für Flüchtlinge, welches besser unter der englischen Bezeichnung United Nations High Commissioner for Refugees (UNHCR) bekannt ist. Die Genfer Flüchtlingskommission unterscheidet zwischen Flüchtlingen, die des Schutzes bedürfen, wie oben beschrieben ist, und Flüchtlingen, die ihr Herkunftsland verlassen, weil sie sich in einem anderen Land bessere Arbeitsbedingungen erhoffen (Gillen, 2015a, S. 52 - 53).

Darüber hinaus gibt die Genfer Flüchtlingskommission vor, dass Flüchtlinge nicht abgeschoben werden dürfen, wenn in ihrem Heimatland ihr Leben oder ihre Freiheit in Gefahr wären (Gillen, 2015a, S. 52; United Nations High Commissioner for Refugees, 1951, S. 15, Artikel 33 Abs. 1). Außerdem legt die Genfer Flüchtlingskommission Rechte von Flüchtlingen fest wie z.B. „Religions- und Bewegungsfreiheit, das Recht auf Zugang zu Bildung sowie das Recht auf Arbeit" (Gillen, 2015a, S. 52). Ferner ist es Flüchtlingen gestattet, Asyl zu beantragen oder einen anderen Schutzstatus zu erlangen. Unklar ist jedoch, ob die Genfer Flüchtlingskommission auch in extraterritorialen Gebieten wie z.B. auf dem Mittelmeer anzuwenden ist (Gillen, 2015a, S. 52).

Als Asyl bezeichnet man den internationalen Schutzstatus, der für Menschen aus anderen Ländern, die aus politischen oder religiösen Gründen verfolgt oder wegen rassistischer Hetze gejagt werden, der nach Genfer Flüchtlingskonvention gilt. Diese Personen dürfen dann nicht in ihr Heimatland abgeschoben werden und erhalten in dem aktuellen Aufenthaltsland diesen Schutzstatus. Dieses Recht gilt jedoch nur in den Staaten, die sich der Genfer Flüchtlingskonvention verpflichtet haben (Oltmer, 2015, S. 208).

Flüchtlinge werden auch als Migranten bezeichnet, da sie aus ihrem Heimatland in ein anderes Land einwandern. Das Wort „Migration" leitet sich von dem lateinischen Wort „migrare" ab, welches „wandern" oder „auswandern" bedeutet (Lenthe, 2016, S. 88). Migration ist kein neues Phänomen, auch in der Vergangenheit haben Menschen immer wieder ihr Heimatland verlassen und sind in ferne Länder gewandert, um dort zu wohnen. Damals wie heute waren die häufigsten Gründe für eine Migration Armut, Kriege, Naturkatastrophen und Leiden an Hunger. Gleichzeitig gab es die Hoffnung auf bessere Lebensbedingungen in einem fremden Land (Lenthe, 2016, S. 87). „Migration, Fremdsein bzw. die Aufnahme von Fremden sind somit elementare menschliche Erfahrungen." (Hax-Schoppenhorst & Jünger, 2010, S. 7).

Zu Beginn der Studie wird die politische Situation in Syrien beschrieben, und es werden die Gründe für die Flucht aus Syrien aufgezeigt. Im Folgenden werden die Auswirkungen des Bürgerkriegs dargestellt; dazu gehören Informationen zur Nahrungsmittelknappheit, der medizinischen Versorgung und der Flucht einzelner syrischer Bürger. Im dritten Kapitel wird die aktuelle Situation zunächst in der EU und anschließend in Deutschland dargestellt. Dabei ist zu beachten, dass die vorliegende Arbeit von Juni bis September 2016 geschrieben wurde und somit die aktuellsten Ereignisse aus dem Sommer dieses Jahres stammen. Im Rahmen der Situation in Deutschland wird zum einen auf die Unterbringung von Flüchtlingen und deren medizinische Versorgung eingegangen. Zum anderen werden sprachliche Barrieren zwischen Syrern und Deutschen thematisiert und Tipps zum Überwinden der Sprachprobleme aufgezeigt. Am Ende des Kapitels wird noch auf die ehrenamtlichen Helfer eingegangen, die sich mit viel Engagement in die Versorgung und Betreuung von Flüchtlingen einbringen.

Das vierte Kapitel befasst sich mit den Auswirkungen der Flucht auf die Flüchtlinge. Dabei wird zwischen psychischen, physischen und sozialen Auswirkungen unterschieden. Es schließt sich das fünfte Kapitel an, welches die theoretischen Grundlagen zur Konzeptentwicklung, das Modell der Salutogenese – als Erklärung der Gesunderhaltung trotz extremer psychischer und physischer Belastungen – und das Konzept der transkulturellen Kompetenz beinhaltet. Am Schluss des Kapitels werden dann das Modell der Salutogenese und das Konzept der transkulturellen Kompetenz miteinander verknüpft.

Im sechsten Kapitel ist das Konzept zur Schulung ehrenamtlicher Helfer in der Arbeit mit geflüchteten Menschen aus Syrien dargestellt. Dieses hat die Autorin auf der Grundlage von fünf geführten Interviews, die sich im Anhang dokumentiert finden (Anhang F – J), erarbeitet. Am Anfang des Kapitels wird aufgezeigt, wie man Kontakt zu potentiellen ehrenamtlichen Helfern herstellen und sie für die Arbeit gewinnen kann. Anschließend wird deren Motivation abgebildet, und es werden relevante Inhalte für eine Schulung der Ehrenamtler benannt. Nachfolgend werden verschiedene Einsatzbereiche der ehrenamtlichen Helfer aufgezählt. Darauf aufbauend werden die Inhalte der Schulung für die Helfer vorgestellt. Die Schulungsinhalte, die sich aus den Interviews ableiten, sind:

Hintergrundwissen zu Syrien und der Religion, dem Islam, Gründe für die Flucht, mögliche Erfahrungen während der Flucht, sprachliche Barrieren, Ehrenamt, transkulturelle Kompetenz, Auswirkungen der Flucht, Traumatisierung erkennen und Erste Hilfe in der Akutsituation leisten, rechtliche Grundlagen zu Flüchtlingen in Deutschland, Selbstreflexion und **Ansatzpunkte zur Kooperation mit professionellen Helfern.**

Da bereits einige der Schulungsinhalte am Anfang der Studie thematisiert werden und eine Doppelung der Inhalte vermieden werden soll, sind die Überschriften der Schulungsinhalte mit einem Rahmen versehen. Mit Gedanken zur weiteren Betreuung der ehrenamtlichen Hilfskräfte schließt das Kapitel.

Am Ende der Studie zieht die Autorin ihr persönliches Fazit und gibt einen Ausblick, wie mit den vorliegenden theoretischen Ergebnissen weiter gearbeitet werden kann. Um den Lesefluss nicht zu behindern, wird in der gesamten Studie nur die männliche Form verwendet, gemeint sind aber immer beide Geschlechter.

2 Gründe für die Flucht

Es gibt eine Vielzahl von Fluchtursachen, die sich in die vier Kategorien Umwelt, Armut, Unterdrückung und Krieg unterteilen lassen (Beermann, 2015, S. 4). Generelle Gründe für eine Flucht aus dem Heimatland sind Kriege, Vertreibungen, Folter, gezielte Vergewaltigungen, extreme Armut, Hunger, Sklavenhaltung, Ausbeutung, Umweltkatastrophen und fehlende Lebensperspektiven (Gillen, 2015a, S. 44; Werth, 2015, S. 140). Weitere Gründe für eine Flucht können religiöse Verfolgung, „falsche" ethnische Zugehörigkeit, politische Verfolgung und die Verfolgung wegen Homosexualität sein. Darüber hinaus kann auch bei minderjährigen Jungen der Zwang zum Kriegsdienst Grund für eine Flucht sein (Düsenberg, 2016, S. 8). Der größte Teil der nach Deutschland fliehenden Personen sind Opfer des Bürgerkrieges in Syrien (Beermann, 2015, S. 5).

Fluchtgrund Nummer eins ist die willkürliche Bombardierung von Zivilisten (Helberg, 2015, S. 67) durch den Machthaber Assad, der seine eigenen Landsleute terrorisiert und mit Fassbomben tausende Zivilisten getötet hat. Durch Bomben werden viele Häuser zerstört; oft werden Überlebende erst nach Stunden aus den Trümmern geborgen (Kazim, 2015, S. 112 - 113). So sorgt jedes Blutbad des Staatschefs dafür, dass Syrer aus ihrem Heimatland fliehen, oder es radikalisiert sie und treibt sie in die Arme des „Islamischen Staates" (IS) (Helberg, 2015, S. 65). Die massiven Gewalttaten in Syrien und widrige Lebensbedingungen in Flüchtlingslagern im Nahen Osten bewegen die Menschen dazu, ihre Heimat zu verlassen. Informationen aus Deutschland nähren die Hoffnung, dass Flüchtlinge aus Syrien in diesem Land gute Bedingungen erwarten und verstärken die Bereitschaft, die Heimat zu verlassen und in einem unbekannten Land Zuflucht zu suchen, (Amjahid, 2015, S. 99).

Einzelne Syrer, die in Syrien im Gefängnis saßen und nach Deutschland fliehen konnten, berichten von furchtbaren Foltermethoden. Täglich sterben durchschnittlich sieben Syrer durch die Foltermethoden des Assad-Regimes (Helberg, 2015, S. 59). Im Militärgefängnis Saydnaya in Syrien, nördlich von Damaskus, sind nach Angaben von Amnesty International seit 2011 Schätzungen zu Folge 17.723 Menschen durch Folter zu Tode gekommen. 65 Folter-Überlebende haben von den grausamen Foltererfahrungen in syrischen Gefängnissen und Haftanstalten der Geheimdienste berichtet (Amnesty International, 2016). Die Vereinten Nationen erklären Folter in dem Übereinkommen gegen Folter und andere gewaltsame, unmenschliche oder erniedrigende Behandlung oder Strafe vom 10. Dezember 1984 wie folgt:

> Im Sinne dieses Übereinkommens bezeichnet der Ausdruck Folter jede Handlung, durch die einer Person vorsätzlich große körperliche oder seelische

Schmerzen oder Leiden zugefügt werden, um zum Beispiel von ihr oder einem Dritten eine Aussage oder ein Geständnis zu erlangen, um sie für eine tatsächliche oder mutmaßlich von ihr oder einem Dritten begangene Tat zu bestrafen oder um sie oder einen Dritten einzuschüchtern oder zu nötigen, oder aus einem anderen auf irgendeiner Art von Diskriminierung beruhenden Grund, wenn diese Schmerzen oder Leiden von einem Angehörigen des öffentlichen Dienstes oder einer anderen in amtlicher Eigenschaft handelnden Person, auf deren Veranlassung oder mit deren ausdrücklichem oder stillschweigendem Einverständnis verursacht werden. Der Ausdruck umfasst nicht Schmerzen oder Leiden, die sich lediglich aus gesetzlich zulässigen Sanktionen ergeben, dazu gehören oder damit verbunden sind. (Vereinte Nationen, 1984, S. 1)

Obwohl viele Länder das Übereinkommen gegen Folter und andere gewaltsame, unmenschliche oder erniedrigende Behandlung oder Strafe unterzeichnet haben, gibt es heute noch in vielen Ländern Folter. Gerade Kriege, Folter, Terror und organisierte Gewalt führen immer noch dazu, dass heute viele Menschen ihr Heimatland verlassen und in ein anderes Land migrieren (Moser, 2015, S. 525).

Die Liste möglicher Foltermethoden ist unendlich lang, aber man sollte einige der Methoden kennen, um das Verhalten von Flüchtlingen, die gefoltert wurden, zu verstehen. Foltermethoden werden in physische, psychische, sexuelle und biologische unterteilt, wobei eine Foltermethode immer den ganzen Mensch in seiner Person trifft und nachhaltig beeinflusst. Zu physischer Folter zählen z.B. Schläge jeglicher Art, Verbrennungen, Stromschläge und Verstümmelungen. Bei der psychischen Folter kommen Methoden zum Einsatz wie beispielsweise Erniedrigung, langandauernde Verhöre, der Zwang, Folter an anderen Menschen auszuüben oder anzusehen, und Scheinerschießungen. Unter sexuelle Folter fallen das Einführen von Gegenständen in die Geschlechtsorgane, Verstümmelung der Geschlechtsorgane und sexueller Missbrauch. Zu der biologischen Folter gehört der Entzug von Nahrungsmitteln und Schlaf, aber auch das Unterlassen von medizinischer Behandlung (Moser, 2015, S. 525 - 526).

Durch die technische Weiterentwicklung wird Folter in der heutigen Zeit immer schwerer nachweisbar, was für Asylbewerber das Asylverfahren erheblich erschwert (Moser, 2015, S. 527).

Syrer berichten vom Krieg und der Gewalt in ihrem Heimatland, von zerstörten Häusern und von öffentlichen Massenhinrichtungen (Amjahid, 2015, S. 100). Der Bürgerkrieg in Syrien nimmt den Menschen jede Existenzgrundlage. Ganz Aleppo ist zerstört und das eigene Hab und Gut auf ein Minimum geschrumpft (Volkmann, 2014a, S. 5). Die Unterdrückung führt zur Flucht in ein Land, in dem man in Freiheit leben kann. Bürger, die aus einem autokratischen oder diktatorischen Regime stammen, entfliehen dieser Unfreiheit relativ häufig. Meistens sind diese Regime begleitet von politischer und religiöser Verfolgung und missachten sowohl die Bürger- als auch die Menschenrechte. Eine große Gruppe an Verfolgten sind Christen, die im Nahen und Mittleren-Osten leben (Beermann, 2015, S. 4). So erklärt ein Syrer, dass nahe Verwandte wie beispielsweise die Eltern ermordet wurden, da sie in Syrien zu der religiösen Minderheit der Jesiden gehören. Jesiden werden von radikalen Muslimen als Ungläubige angesehen und daher oft verfolgt. Anschließend wurde die Familie dieses Syrers selbst überfallen, und ihre Tiere wurden erschossen. Er selbst wurde von den Anhängern von Assad schwer misshandelt, so dass er und seine Familie sich zur Flucht nach Deutschland entschieden (Volkmann, 2014b, S. 4).

Im Frühjahr 2011 lebten etwa 22 Millionen Menschen in Syrien. Zu dieser Zeit begann eine Revolution in dem Land. Seitdem sind 12 Millionen Syrer auf der Flucht, wobei die meisten von ihnen im eigenen Land umherirren. Zirka vier Millionen Menschen haben sich in den Nachbarländern bei dem Flüchtlingskommissariat der Vereinten Nationen (UN) registrieren lassen (Helberg, 2015, S. 55 - 56). Viele Syrer bleiben in Syrien oder in einem der Nachbarländer, da sie mit ihrem Heimatland eng verbunden sind. Sobald wieder Friede herrscht, wollen sie in ihr Heimatland zurückkehren. Über Jahre hinweg haben sie Krieg, Angst und Erniedrigung durch das Assad-Regime ertragen, weil sie hofften, dass sich die Situation irgendwann bessern würde (Helberg, 2015, S. 56).

Viele Flüchtlinge aus Syrien berichten, dass in Syrien zu bleiben, glatter Selbstmord wäre (Amjahid, 2015, S. 100). Sie fliehen aus ihrer Heimat vor Terror von Seiten des Diktators, auf Grund von ökonomischer Hoffnungslosigkeit und auf Grund von religiöser Verfolgung. Sie hoffen auf ein Leben in Sicherheit, ohne Angst vor Verfolgung, ohne Elend und Armut (Straubhaar, 2015, S. 236 - 237). Wer zunächst in ein Nachbarland flieht und feststellt, wie schwierig es ist, sich dort eine neue Existenz aufzubauen, und positive Bilder aus Deutschland sieht, empfindet diese als Mut machend, die Region zu verlassen und weiter nach Deutschland zu ziehen. Arabische Medien versprechen den Syrern in Deutschland teilweise das Paradies auf Erden (Amjahid, 2015, S. 100 - 101). Viele der geflohenen Menschen aus Syrien wollen sich und ihre Familien einfach in Sicherheit bringen und hoffen auf eine Arbeitsstelle in Europa. In ihrer Heimat war es schwierig, einen Job zu finden. Dazu schwebten sie durch den Bürgerkrieg ständig in Lebensgefahr (Passarelli, 2016, S. 51).

Individuelle Faktoren wie beispielsweise der Familienstand, das Alter und auch der erlern-te Beruf beeinflussen die Migrationsfreudigkeit. So kostet eine Auswanderung mehr, je größer eine Familie ist. Gleichzeitig besteht jedoch die Chance, im Zielland genug zu ver-dienen, um die ganze Familie zu ernähren. Organisationen, die sich auf die Unterstützung von Migranten spezialisiert haben, helfen Auswanderungswilligen bei der Auswanderung und beschaffen ihnen Informationen über das Zielland (Lenthe, 2016, S. 92).

Seit 2014 kommen die meisten Flüchtlinge weltweit aus Syrien, einem Land, in dem Bür-gerkrieg herrscht. Bis Ende des Jahres 2014 waren es fast vier Millionen Menschen (Gil-len, 2015a, S. 50). „Solange die Syrer in ihrer Heimat keinen Schutz bekommen, werden wir ihnen diesen Schutz in Europa gewähren müssen." (Helberg, 2015, S. 69).

2.1 Die politische Situation in Syrien und der Bürgerkrieg

Im Jahr 1946 erlangte die syrische Republik ihre Unabhängigkeit. Bis 1970 Hafis al-Assad durch einen Putsch an die Macht kam, war das Land innen- und außenpolitisch zerrissen. Auch die 30 Jahre seiner Herrschaft waren sehr unruhig, bis er im Jahr 2000 verstarb, wodurch sein Sohn Baschar al-Assad Präsident von Syrien wurde (Düsenberg, 2016, S. 9). Präsident Baschar al-Assad wollte Syrien verändern, hielt dabei jedoch an der „Drei- Säulen-Macht" seines Vaters fest. Diese Säulen sind zum einen das Militär, zum anderen die Geheimdienste und zum dritten die arabisch-nationalistische Baath-Partei. Viele Syrer erhofften sich durch Baschar al-Assad die Einrichtung einer Form von Demo-kratie, die sich an Gesetze hält, und die Abschaffung der Geheimdienste. Wer sich gegen die politischen Vorhaben von al-Assad stellte, musste mit Verfolgung oder Gefängnis rechnen (Helberg, 2015, S. 56 - 57).

Baschar al-Assad unterdrückte sein Volk. Dies gilt besonders für den Süden von Syrien, wo die Menschen unter starker Dürre und einer immer merkwürdiger werdender Bürokra-tie leiden. Verantwortlich für diese Situation ist Atef Najib, der Cousin von Assad. Er ist der Chef des Geheimdienstes (Helberg, 2015, S. 57 - 58).

Die Verlierer dieses Systems bringen im März 2011 den Mut auf, gegen das Assad-Regime zu demonstrieren, weil sie nichts mehr zu verlieren haben. Diese Demonstratio-nen wurden von der Armee des Präsidenten Assad blutig niedergeschlagen, wobei vier Menschen ihr Leben verloren. Im Zusammenhang mit deren Beisetzung findet ein weite-rer Protestmarsch statt, an dem sich große Teile der Bevölkerung beteiligen. Assad sieht die Demonstranten als Terroristen an und entlässt extremistische Islamisten aus der Haft, um Ängste und Fremdenhass in seinem Land zu schüren (Helberg, 2015, S. 58). Die Demonstrationen weiten sich auf das gesamte syrische Staatsgebiet aus. Sie werden von regionalen Ausschüssen organisiert. Diese „dokumentieren die Gewalt des Regimes, zählen die Toten und Verletzten, die Verhafteten und Verschwundenen." (Helberg, 2015, S. 58 - 59). Mitglieder der Ausschüsse werden von den Geheimdiensten gejagt, und wenn die betreffende Person nicht gefunden wird, so wird ein anderes Familienmitglied verhaftet (Helberg, 2015, S. 59).

Zeugnisse von Folter durch das Regime schrecken die Bevölkerung nicht ab. Das Gegenteil ist der Fall, so dass immer mehr Demonstranten auf die Straße gehen, um das Regime zu stürzen. Da es für die Demonstrationen keine zentrale Führung gibt, wird aus den einzelnen Revolutionen keine nationale Bewegung. Die größten Demonstrationen finden auch nicht in Syriens Hauptstadt Damaskus statt, sondern in Hama und Deir Al Zor. Durch die Proteste fühlt sich Assad bedroht, so dass er sie mit Panzern, Boden-Luft-Raketen, Chemiewaffen und Fassbomben niederschlägt. Der Traum von Freiheit und der Glaube an zivilen Widerstand zerbricht (Helberg, 2015, S. 60). Daraus entwickelt sich ein stetiger Kampf von oppositionellen Rebellen, die sich inzwischen Waffen organisiert haben, um das Assad-Regime zu stürzen und sich gegen die syrische Armee zu wehren. Im Laufe der Zeit kommen immer mehr bewaffnete Gruppen dazu, die sich mit Gewalt um Syriens Zukunft streiten. Diesen Gruppen fehlt jedoch eine gemeinsame Vision von einem Syrien nach Assad. An den Auseinandersetzungen beteiligt sind z.B. Untergruppen der Terrormiliz Al-Qaida, der IS und auch die al-Nusra-Front (Düsenberg, 2016, S. 9).

Seit 2011 befiehlt Assad allen Männern, in die Armee zu gehen, da er den Krieg gegen den Terror führen will (Amjahid, 2015, S. 100). Einige Mitglieder der Syrischen Armee weigern sich, ihre eigenen Landsleute zu erschießen, und so gründen sie im Sommer 2011 die Freie Syrische Armee (FSA). Diesen Gruppen schließen sich im Laufe der Zeit viele freiwillige Bürger an, die immer wieder versuchen, ihre Heimatdörfer vor den Angriffen der Armee des Assad-Regimes zu schützen, damit sie ihre Freitagsdemonstrationen ungestört durchführen können. Die Widerstandskämpfer verfolgen nur lokale Strategien, und auch die Bewaffnung verläuft nur dezentral, so dass sich am Ende mehrere bewaffnete Kleingruppen herausbilden (Helberg, 2015, S. 60 - 61).

Assad erhält schnell Unterstützung von dem Iran, der libanesischen Hisbollah und Russland, während die Widerstandskämpfer von Saudi-Arabien, Katar und der Türkei Hilfe erlangen. International herrscht große Uneinigkeit über den Umgang mit dem innersyrischen Aufstand. Die einzelnen Akteure, die jeweils auch eigene Interessen vertreten, erhalten internationale Hilfe von außen. Problematisch ist jedoch, dass die Länder, die das Assad-Regime unterstützen, sich aktiv an dem Krieg beteiligen, indem sie Soldaten schicken oder Luftangriffe durchführen. Den Gegnern des Regimes helfen die unterstützenden

Länder nur mit finanziellen Mitteln, Waffenlieferungen und Unterstützung bei der militärischen Ausbildung (Helberg, 2015, S. 61).

Mit Beginn des Jahres 2013 gewinnen islamistische Gruppen zunehmend mehr Einfluss. Während sich FSA-Kämpfer mit mehreren Personen eine veraltete Waffe teilen, haben Dschihadisten moderne Waffen. Viele FSA-Mitglieder verkaufen ihre Lebensmittel, um sich Waffen oder Munition leisten zu können. Diese Lebensmittel werden dann von Islamisten aufgekauft, welche sie an die Bevölkerung verteilen, um neue Anhänger zu gewinnen (Helberg, 2015, S. 61).

Die Rebellen erkennen schnell, dass sie mehr Hilfe erhalten, wenn sie eine islamistische Gesinnung haben, wodurch sich die einzelnen Gruppen immer ähnlicher werden und von außen kaum noch zu unterscheiden sind. Sie alle sind radikal, islamistisch und dschihadistisch. Trotzdem sollte zwischen syrischen Kämpfern, deren Ziel es ist, das Assad-Regime zu stürzen, und ausländischen Kämpfern unterschieden werden. Bei den ausländischen Kämpfern handelt es sich vorrangig um Menschen, die den beiden Al-Kaida-Ablegern IS und Nusra-Front nahe stehen. Sie wollen ihr extremes Islamverständnis weltweit durchsetzen. Für sie ist der Krieg in Syrien nur Mittel zum Zweck (Helberg, 2015, S. 62).

Auch die Unterscheidung zwischen dem IS und der Nusra-Front ist von Bedeutung. So sind die Mitglieder des IS vorrangig Nichtsyrer, die möglichst viel Herrschaftsgebiet gewinnen wollen. Die Nusra-Front besteht hingegen überwiegend aus Syrern, die versuchen, das Assad-Regime zu stürzen. Da sie dem Al-Kaida-Netzwerk angehören, sind sie mit Waffen gut ausgestattet, und viele Rebellen brauchen deren Unterstützung, um überhaupt eine Chance gegen das syrische Regime zu haben. Die Nusra-Front erhält vom Westen keine Unterstützung, da sie Al-Kaida angehört und ihre Anhänger den Islam ähnlich radikal wie der IS auslegen. Aus diesem Grund wird sie als terroristischer Feind angesehen (Helberg, 2015, S. 62 - 63).

Da weder gemäßigte Kräfte noch die UN für die Syrer eintreten und ihnen Schutz bieten, sehen die Menschen in Syrien den IS als letzte Rettung. Dieses Problem lässt sich nur durch ein Ende des Assad-Regimes lösen, denn erst danach können die Syrer gegen den Terror kämpfen. Assad hat keine Mittel für einen Kampf gegen den IS. In erster Linie fehlt es an Bodentruppen, die im Westen das Gebiet sichern (Helberg, 2015, S. 65 - 66).

Bis 2015 hat sich die Situation in Syrien weiter verschärft, da Assad bis Mitte des Jahres viele Schulen, Gotteshäuser und medizinische Einrichtungen gezielt durch Luftangriffe zerstören ließ (Helberg, 2015, S. 68).

Das Assad-Regime hat die Förderrechte für Öl und Gas, die vor der syrischen Küste liegen, an Russland vergeben. Das hat die Regierung der Vereinigten Staaten (United States; US) verärgert, woraufhin sie 60 Rebellengruppen in Syrien gefördert haben, die das Assad-Regime stürzen sollten. Diese Rebellen sind dann jedoch zum IS übergetreten (Dahn, 2015, S. 84). So kommt es, dass heute in Syrien jeder gegen jeden kämpft und oft aus dem Ausland, auf Grund jeweils eigener Interessen der Staaten, Waffenlieferungen erhält. Beispielsweise stehen Russland, der Iran, die Hisbollah und eine Schiiten-Miliz hinter dem Assad-Regime. Bei den Rebellen sind die Vereinigten Staaten, die Türkei und Saudi-Arabien im Hintergrund unterstützend tätig. Einzig der IS wird von allen Ländern bekämpft, er wirbt jedoch weltweit für Unterstützung durch radikale Islamisten. Oft erhält der IS solche Unterstützung. Aus deutscher Sicht ist darauf hinzuweisen, dass alle kämpfenden Gruppen in Syrien – nicht immer auf legalen Wegen – Waffenlieferungen aus Deutschland erhalten (Düsenberg, 2016, S. 9).

Nach mehr als fünf Jahren ist in Syrien immer noch kein Ende des Bürgerkrieges in Sicht, da es keine klaren Fronten mehr gibt. Inzwischen ist das Problem in Syrien nicht mehr nur der Diktator Baschar al-Assad, sondern auch die Terrormiliz IS und russische Bombenangriffe. Während sunnitische Golfscheichtümer die syrischen Rebellen unterstützen, deren Ziel es ist, Assad zu stürzen, kämpfen Anhänger der Hisbollah und Russland für Assad, da sie seine Unterstützung für ihre Ziele benötigen. Darüber hinaus versuchen die USA, mit Luftangriffen gegen den IS zu kämpfen, da dieser in sämtlichen Ländern sein Hoheitsgebiet errichten will (Beermann, 2015, S. 5).

In Teilen von Syrien gibt es keinen dauerhaft verfügbaren Strom mehr, so dass die Kommunikation mit der Außenwelt erschwert ist (Volkmann, 2014a, S. 5). Ein syrischer Flüchtling berichtet, dass in seiner Heimatstadt fast alles zerstört ist, dass nur noch rücksichtslos getötet und Frauen vergewaltigt werden. Er selbst sei vor dem IS geflohen, der kurdische Jesiden wie ihn einfach ermordet. Da Jesiden von den Anhängern des IS als Ungläubige angesehen werden, ist das Töten von Jesiden in den Augen des IS eine Heldentat. Der Syrer erzählt, dass selbst ein einfaches Überqueren der Straße zu einem Spiel mit dem Leben wurde (Volkmann, 2014c, S. 4).

Schätzungen zufolge sind bislang 220.000 Menschen in Syrien ums Leben gekommen. Seit Beginn des Jahres 2016 zählt die UN nicht mehr die Toten. Ca. 80.000 Menschen leben noch in Aleppo, da sie das Geld für eine Flucht in die Türkei nicht aufbringen können. Aleppo liegt inzwischen in Schutt und Asche, so dass man dort nur noch auf den Tod warten kann (Borri, 2016). Pro Tag fliegen ca. 50 Flugzeuge über Syrien, die Fassbomben gefüllt mit Benzin und Dynamit abwerfen (Borri, 2016). Wasser gibt es teilweise nur an einem Tag in der Woche (Backhaus, 2016). Der UN-Sicherheitsrat hat inzwischen den

Einsatz von Chemiewaffen wie Chlor- und Senfgas in Syrien mehrmals als bestätigt angesehen; er will nun versuchen, Sanktionen gegen Syrien zu verhängen (UN-Ermittler bestätigen, in: Zeit online, 2016).

Ein Großteil der Hilfsgüter der UN kommt nur in Teile Syriens, in denen das Assad-Regime die Herrschaft hat. Angeblich soll dies die Helfer schützen. Helfer, die trotzdem versuchten, in Gebiete der Rebellen vorzudringen, wurden vom Regime verhaftet und gefoltert (Borri, 2016). Teilweise werden vereinbarte Feuerpausen nicht eingehalten, so dass eine Versorgung der Menschen mit Nahrungsmitteln nicht möglich ist (Gehlen, 2016).

2.2   Nahrungsmittelknappheit

Gerade im Süden von Syrien herrscht große Dürre, so dass viele Bürger unter Hunger leiden (Gillen, 2015a, S. 46). Ein großes Problem ist dort, dass der Statthalter Atef Najib Bauern nur Saatgut beschafft, wenn sie dafür hohe Schmiergelder zahlen (Helberg, 2015, S. 57 - 58). Außerdem müssen Menschen hungern, weil sie in von Assad abgeriegelten Gebieten leben und so keinen Zugang zu Nahrungsmitteln erhalten (Helberg, 2015, S. 65, 68). Wer für seine Familie nicht genug zu essen hat, lässt sich mit einem „monatlichen Sold von der Nusra-Front, dem syrischen Al-Kaida-Ableger, abwerben", um an Nahrungsmittel oder Geld zu gelangen (Helberg, 2015, S. 62).

Im September 2015 wurde auch die Lebensmittelhilfe durch die westlichen Länder eingestellt, da diese kein weiteres Geld mehr geben wollten (Amjahid, 2015, S. 100). Wenn keine Nahrungsmittel bereit stehen und es kein sauberes Trinkwasser gibt, so besteht die Nahrung der Bevölkerung aus Gras und Regenwasser. Teilweise nehmen Menschen Pappe zu sich, um den Hunger zu stillen (Borri, 2016).

Von Ende Februar bis Anfang März 2016 wurde in vielen Orten von Syrien die vereinbarte Waffenruhe eingehalten, so dass Hilfskonvois der UN die Menschen mit dem Nötigsten versorgen konnten (Böhm, 2016). Um die Hilfskonvois zu den Menschen in den Krisengebieten zu schicken, muss es eine mindestens 48-stündige Waffenruhe geben, da man sonst die Hilfskräfte in Lebensgefahr bringt (Ehrhardt, 2016).

Immer wieder wurden Hilfskonvois an der Durchfahrt zu hungernden Syrern gehindert (Gehlen, 2016); derzeit befinden sich ca. 3,5 Millionen Menschen in diesen wenig oder gar nicht versorgten Gebieten (Borri, 2016). Wenn es nur sehr wenige Lebensmittel gibt, sind diese extrem teuer (Backhaus, 2016). Außerdem werden bei den Hilfskonvois häufig medizinische Versorgungsmittel gestrichen (Ehrhardt, 2016).

2.3 Medizinische Versorgung

Für das Assad-Regime zählt das medizinische Personal zu den Verbrechern, da medizinische Versorgung als Verbrechen interpretiert wird. Aus diesem Grund werden medizinische Einrichtungen gezielt durch Luftangriffe von Assad zerstört. Seit dem Jahr 2011 sind in Syrien über 500 Menschen ums Leben gekommen, die dem medizinischen Personal angehörten. Die <<White Helmets>> sind zivile Rettungskräfte, die nach einem Luftangriff nach verschütteten Menschen suchen, um ihnen zu helfen (Helberg, 2015, S. 67 - 68). Sie gehen zu Fuß oder fahren mit Kleintransportern durch die zerstörten Gebiete, um nach Überlebenden zu suchen und ihnen Hilfe zukommen zu lassen. Wenn es die Situation erlaubt, bringen sie die Verletzten in Krankenhäuser (Kühntopp, 2016).

Durch die Zerstörung fast aller Krankenhäuser in Syrien fehlt es im ganzen Land an guter medizinischer Versorgung. Ein Arzt berichtet, dass er nur noch eine kleine Klinik im Untergrund hat. Nach einem Bombenangriff sind oft viele Schwerverletzte zu versorgen. Da es zu wenige Ärzte gibt, muss er sich entscheiden, wem er hilft und wen er sterben lässt. Er trifft die Entscheidung danach, wer die größten Überlebenschancen hat (Helberg, 2015, S. 67).

Inzwischen gibt es in Aleppo nur noch ein Krankenhaus, da alle anderen bei Luftangriffen zerstört wurden. Wenn Verletzte aus den Trümmern geborgen werden können, fehlt es an Medikamenten und Verbandsmaterial, um die Verletzen medizinisch zu versorgen. Sind beispielsweise keine Skalpelle verfügbar, wird notfalls mit einem scharfen Küchenmesser operiert. Teilweise stehen auch keine Narkose- oder Betäubungsmittel zur Verfügung, so dass die Streicheleinheiten der assistierenden Krankenschwester als einziges Beruhigungsmittel dienen (Borri, 2016). Aufgrund dieser Faktoren versuchen viele Syrer, ihr Heimatland zu verlassen.

2.4 Die Flucht

Migration bedeutet, dass Menschen aus ihrer vertrauten Heimatumgebung entwurzelt werden, um sich auf einen oft beschwerlichen Weg der Wanderung zu machen. Diese kann sich von einigen Tagen bis hin zu mehreren Jahren in die Länge ziehen. Oft folgen dann monatelange Aufenthalte in Flüchtlingsunterkünften. Für die Migranten ist die Migration ein entscheidendes Lebensereignis, das Stress auslöst. Oft wirkt sich Migration negativ auf die psychische und physische Gesundheit aus und bringt soziale Probleme mit sich (Loncarevic, 2015, S. 143).

Um sich von einem an Syrien angrenzenden Land die weitere Flucht nach Europa leisten zu können, müssen die meisten geflüchteten Menschen eine Zeitlang in diesem Land unter widrigen Bedingungen und oft gegen schlechte Bezahlung arbeiten. Da Frauen oft schwerer als Männer einen Job finden oder sehr schlecht bezahlt werden, versuchen sie, das nötige Geld mit Prostitution zu verdienen. Andere werden auch zur Prostitution gezwungen (Schmollack, 2015, S. 149 - 150). Denn häufig müssen die Menschen den Schleusern mehrere Tausend Euro zahlen, damit sie über das Mittelmeer gebracht werden (Müller, 2015, S. 265); in der Literatur ist von 5.000 € pro Person für die Flucht mit einem Schlepper die Rede (Volkmann, 2014a, S. 5). Als intervenierende Hindernisse gelten z.B. die Distanz zwischen dem Heimatland und dem Einwanderungsland, gegenständliche Barrieren wie stark bewachte Grenzen und auch die Einwanderungsbedingungen für Migranten (Lenthe, 2016, S. 91).

Kriminelle Gruppen, die als „Schlepper" bezeichnet werden, schmuggeln Menschen gegen hohe Preise häufig auf sehr gefährlichen Wegen in ein anderes Land, wo der Migrant Schutz suchen möchte. Für viele Personen, die auf Grund von Verfolgung oder Krieg aus ihrem Heimatland fliehen müssen, ist die illegale Einreise meist der einzige Weg, um an einen sicheren Ort zu kommen. Aus diesem Grund dürfen die Flüchtlinge nach der Genfer Flüchtlingskonvention nicht dafür bestraft werden, sollen sich jedoch schnellstmöglich bei den zuständigen Behörden melden. Des Weiteren kann jemand auch illegal einreisen, weil er gefälschte Papiere vorzeigt und diese nicht als Fälschung auffallen (Lenthe, 2016, S. 98 - 99).

Bei der Flucht ist das Handy von zentraler Bedeutung. Schon zur Organisation der Flucht ist es von großer Wichtigkeit, da es im Internet und in Gruppen Informationen zu aktuellen Fluchtrouten gibt. Außerdem lässt es Kontakt zu der Familie zu, die in der Heimat zurückgeblieben ist (Löhlein, 2015, S. 297). Derzeit gibt es vier Hauptfluchtwege, die nach Europa führen:

• die westliche Mittelmeerroute führt über Marokko und zum Teil Algerien nach Spanien;

• die zentrale Mittelmeerroute führt durch Tunesien nach Libyen nach Italien (Lampedusa) und Malta;

• die östliche Mittelmeerroute führt vom Nahen Osten und Zentralasien in die Türkei und nach Bulgarien;

• die westliche Balkanroute, die als zweites Tor zur EU über Griechenland (als erstes EU-Einreiseland) gilt, führt über Mazedonien und Serbien nach Ungarn und Slowenien. (Passarelli, 2016, S. 49)

Oft werden die Flüchtlinge von den Schleppern in völlig überfüllte und seeuntaugliche Schlauchboote gesetzt. Nicht selten gehen die Schlepper dann von Bord und überlassen die Flüchtlinge ihrem Schicksal (Werth, 2015, S. 140 - 141). Obwohl bei der Überfahrt über das Mittelmeer bereits tausende Flüchtlinge ihr Leben verloren haben, fliehen heute noch immer viele Menschen über das Mittelmeer. Dies liegt daran, dass die anderen Fluchtwege noch gefährlicher sind. Entführung, ausgeraubt werden, Folter und sexueller Missbrauch stehen bei den Landwegen auf der Tagesordnung. Einige Flüchtlinge werden in offizielle Flüchtlingslager gebracht und über Monate bis Jahre eingesperrt. Oft herrschen dort sehr schlechte hygienische Bedingungen und massive Gewalt wie Folter und Misshandlung (Gillen, 2015a, S. 45 - 46). Wachleute misshandeln und foltern die Flüchtlinge: „mit Schlägen, glühende[n] Zigaretten und Elektroschocks, sie werden kopfüber an Bäume gehängt und ausgepeitscht" (Gillen, 2015a, S. 46).

In den aufnehmenden Städten erleben die geflohenen Menschen oft widrige Bedingungen. Auf der griechischen Insel Kos wurden die Flüchtlinge bis zur Registrierung mit nur wenigen Nahrungsmitteln zum Teil Tage in einem Stadion eingesperrt. Andere Flüchtlinge harrten Tage bei strömendem Regen auf Feldern an der Grenze von Serbien nach Kroatien aus (Müller, 2015, S. 263). Nicht selten werden Menschen bei ihrer Flucht verwundet, einige lassen dabei auch ihr Leben (Müller, 2015, S. 265).

Ein Flüchtling aus Syrien hat zunächst versucht, in der Türkei zu bleiben. Dort machte er Hilfsarbeiten, für die er oft nicht bezahlt wurde, so dass er sich zu Fuß auf den Weg nach Europa machte. Er traf unterwegs verschiedene Menschen, von denen einige verstarben. Der Migrant schildert, dass er tagsüber in einem Versteck geschlafen hat und nachts gewandert ist. An verschiedenen Grenzen ist er verhaftet und wieder in die Türkei zurückgeschickt worden, so dass es ihm erst beim dritten Versuch gelang, die Grenze zu überschreiten (Volkmann, 2014c, S. 4). Ein Flüchtlingspaar berichtet, dass sie neun Tage in einem LKW geflohen sind. Sie saßen zusammengekauert zwischen einer Ladung Kartoffeln versteckt (Volkmann, 2014b, S. 4).

Aufgrund der Gefahren während der Flucht für Frauen fliehen viele Männer zunächst alleine und holen ihre Familien erst später nach. Manchmal fliehen auch Frauen alleine oder mit ihren Kindern, da ihre Männer tot sind oder an der Front kämpfen (Schmollack, 2015, S. 147 - 148). Leibesvisitationen werden bei Frauen von Männern durchgeführt, und viele werden immer wieder sexuell missbraucht, so dass einige sogar an den Folgen von Missbrauch sterben (Gillen, 2015a, S. 46).

Auch für Kinder ist die Flucht besonders gefährlich. Gerade in großen Menschenansammlungen können Kinder schnell von ihren Eltern getrennt werden. Sie werden zum Teil entführt und vergewaltigt. Viele sterben auf Grund von Mangelernährung, Erfrierungen oder ertrinken im Meer, da sie nicht schwimmen können (Düsenberg, 2016, S. 9). Gerade allein fliehende Minderjährige bedürfen eines besonderen Schutzes, da sie oft kein Geld haben und nur über geringe Sprachkenntnisse verfügen. Nicht selten sind diese Kinder und Jugendlichen durch ihre Erfahrungen im Heimatland und die Flucht traumatisiert. Gerade diese Zielgruppe ist auf der Flucht von Gewalt, Menschenhandel und Ausbeutung bedroht (Hödl, 2015, S. 154).

Viele geflüchtete Menschen fliehen nur in Nachbarländer und stellen keinen Asylantrag, da sie ihre Wurzeln nicht aufgeben wollen. Sie hoffen auf eine Besserung der Situation im Heimatland und möchten dorthin gern wieder zurück (Gillen, 2015a, S. 49 - 50). Oft müssen die Kinder in den neuen Ländern helfen, Geld für ihre Familien zu verdienen; manche sind sogar die Hauptverdiener der Familie (Düsenberg, 2016, S. 9).

Wie eine Migration erlebt wird, hängt von vielen verschiedenen Faktoren ab. Entscheidend ist, ob eine Migration lange und gut geplant werden kann, oder ob am Zielort Freunde oder Verwandte leben, die einem unterstützend zur Seite stehen. Viel schwieriger ist es, wenn es sich um eine spontane Flucht handelt, weil im Heimatland Krieg und Verfolgung drohen. Dann muss man sich in die Hände von Fremden (Schleppern, Schmugglern) begeben, wodurch es zu einer Bedrohung des eigenen Lebens kommen kann. Gerade bei der letztgenannten Migrationsgruppe zieht sich eine Flucht oft über mehrere Jahre hin, so dass diese Menschen über einen sehr langen Zeitraum großen psychischen und physischen Belastungen ausgesetzt sind. Dann kommt man in ein unbekanntes Land, in dem man niemand kennt. Entscheidend für den Start in das neue Leben am Zielort ist, wie die Migration selbst erlebt wird (Loncarevic, 2015, S. 144 - 145). Aus diesem Grund ist es wichtig, dass Flüchtlinge in der EU gut aufgenommen und versorgt werden.

3 Die aktuelle Situation in der Europäischen Union und in Deutschland

Im Rahmen dieses Kapitels wird zunächst der Blick auf die Haltung der EU in Bezug auf den Bürgerkrieg in Syrien und den Umgang mit der Flüchtlingskrise geworfen. Anschließend folgt die Beschreibung der Situation in Deutschland. Hierbei wird zum einen das Problem des zunehmenden Rassismus angeschnitten und auf der anderen Seite auch auf die Versorgung der Flüchtlinge eingegangen. Im Folgenden werden die Unterbringung der Migranten in Deutschland geschildert und die medizinische Versorgung betrachtet. Am Ende des Kapitels werden die sprachlichen Probleme zwischen Migranten und Einheimischen thematisiert, und es wird auf die ehrenamtlichen Helfer eigegangen.

„Migration wird nach wie vor überwiegend als Belastung wahrgenommen, für das Zuwanderungsland und für die Zuwanderer selbst. Dass Migration wohl eher ein Wechselspiel von Stärkung und Schwächung gesellschaftlicher wie individueller Potenziale darstellt, wird kaum thematisiert." (Schmacke, 2000, S. 65).

3.1 Die aktuelle Situation in der Europäischen Union

Die Zahl der geflüchteten Menschen aus Syrien stieg stetig an, bis im Jahr 2012 mehrere hundert pro Monat die Grenzen überschritten, so dass die Gruppe der Flüchtlinge aus Syrien die größte wurde (Buchen, 2015, S. 121).

Ende 2013 wurde ein erstes Rücknahmeabkommen zwischen der EU und der Türkei geschlossen. Dieses verpflichtet die Türkei, Flüchtlinge, die von türkischem Boden aus in die EU einreisen wollen, zurückzunehmen. Dafür gestattet die EU den türkischen Staatsbürgen eine visafreie Einreise in den Schengen-Raum (Kazim, 2015, S. 117). Das Schengener Abkommen gibt vor, dass innerhalb des Schengen-Raumes nur sporadische Personenkontrollen stattfinden. Zu dem Schengen-Raum zählen 22 der EU-Mitgliedsländer sowie Norwegen, Island, die Schweiz und Liechtenstein. An den Schengen-Außengrenzen muss nach vorgegebenen Standards kontrolliert werden. In Ausnahmesituationen wie im September 2015 durch den großen Andrang von Flüchtlingen kann das Abkommen teilweise außer Kraft gesetzt werden (Auswärtiges Amt, 2016).

Die Türkei hat sich in der Flüchtlingspolitik immer mehr zu einem Schlüsselland entwickelt. Der größte Teil der geflohenen Menschen aus Syrien verbleibt in der Türkei, was die EU sehr begrüßt und durch großzügige Fördergelder unterstützt (Müller, 2015, S. 271). Die Türkei fordert dafür, als sicheres Herkunftsland anerkannt und auch in die EU aufgenommen zu werden. Dies wird jedoch von vielen europäischen Mitgliedsstaaten kritisch

20

betrachtet. Zum einen fliehen viele Menschen aus der Türkei wegen der neu aufgebro-
chenen Konflikte mit den Kurden, und zum anderen gibt es in der Türkei keine Pressefrei-
heit (Müller, 2015, S. 271 - 272).

Als sicherer Herkunftsstaat werden Länder ohne politische Verfolgung und ohne men-
schenunwürdige Behandlung bezeichnet. In diesen Ländern geht man aufgrund der politischen und rechtlichen Situation davon aus, dass dort keine politische Verfolgung stattfin-
det (Deutscher Bundestag, 2009, §16a Abs. 3 GG). Asylantragsteller aus sicheren Herkunftsländern werden dann nach §34 Abs. 1 Asylverfahrensgesetz wieder in ihr Heimatland abgeschoben (Bundesministerium der Justiz und für Verbraucherschutz, 1982, §34
Abs. 1 AsylG; Gillen, 2015b, S. 184).

In der europäischen Grundrechtscharta und im deutschen Grundgesetz ist das Recht auf
Asyl verankert. Für Menschen aus Syrien ist es jedoch praktisch unmöglich, nach Europa
zu fliehen, da die Grenzen mit Zäunen abgeriegelt sind. Menschen auf der Flucht bleibt
nur der illegale Weg in die EU mit Booten über das Mittelmeer oder versteckt in Lastwa-
gen und mit der Hilfe von Schmugglern (Popp, 2015, S. 17 - 18). Aufgrund der aktuellen
europäischen Außenpolitik, die versucht, Flüchtlinge an den EU-Außengrenzen davon
abzuhalten, in die EU zu gelangen, widersprechen die EU-Staaten ihrem Asylrecht und
den Menschenrechten (Straubhaar, 2015, S. 237).

Im Jahr 2015 errichtet die EU Aufnahmezentren für Flüchtlinge in Griechenland und Italien, um direkt von dort Menschen gerecht auf die EU-Staaten zu verteilen. Bis dieses
Vorhaben umgesetzt ist, fliehen die Menschen über die Balkanroute (Griechenland – Mazedonien – Serbien – Ungarn – Österreich oder Griechenland – Mazedonien – Serbien –
Kroatien – Slowenien – Österreich), die fast ungehindert passiert werden kann. Auch der
errichtete Grenzzaun in Ungarn stoppt die Menschen nicht, sondern verändert nur ihre
Fluchtroute (Buchen, 2015, S. 124). Von allen Staaten, die auf der Balkanroute liegen,
werden Flüchtlinge in Bussen und Zügen nach Nordwesten weitergereicht (Buchen, 2015,
S. 125).

Aufgrund von fehlenden legalen Zufluchtswegen in die EU nehmen viele Menschen oft
lebensgefährliche Fluchtwege in Kauf (Endres de Oliveira, 2015, S. 259). Europa zwingt
die Menschen zu dem lebensbedrohlichen Fluchtweg über das Mittelmeer, da die EU alle
Außengrenzen geschlossen hat. Oft kostet die Hilfe für Schlepper mehr Geld als ein Flug
kosten würde. Da es keine legalen Wege nach Europa gibt, trägt die EU einen großen Teil
der Schuld daran, dass tausende Menschen ihr Leben im Mittelmeer verlieren (Werth,
2015, S. 143). Europa ist zu einer Festung geworden, in die hineinzukommen für Schutzbedürftige sehr schwierig ist. So wurden im Jahr 2015 zunehmend Grenzkontrollen einge-

führt und Zäune um Europas Außengrenzen errichtet. Darüber hinaus wurde teilweise die Reisefreiheit im Schengen-Raum eingeschränkt. All diese Maßnahmen halten die Menschen aber nicht von einer Flucht nach Europa ab, sondern sie zwingen sie zu der Flucht über das Mittelmeer (Passarelli, 2016, S. 49 - 50).

Nachdem im April 2015 wieder 800 Menschen im Mittelmeer ums Leben kamen, beschließen die EU-Staaten, gezielt gegen Schmuggler vorzugehen. Durch Kriegsschiffe werden in der Folgezeit Schlepperboote aufgespürt und zerstört (Popp, 2015, S. 17 - 18). Selbst die Bundeswehr muss im Herbst 2015 bei der Festnahme von Schleppern im Mittelmeerraum helfen (Buchen, 2015, S. 133). Die Bundesregierung glaubt, dass sie Flüchtlinge rettet, indem sie gezielt gegen Schleuser vorgeht. Vordergründig klingt dies überzeugend, da wöchentlich Bilder in den Medien zu sehen sind mit der ergänzenden Information, dass wieder Flüchtlinge im Mittelmeer ertrunken sind, da die Schlepper sie in seeuntaugliche Boote gesetzt haben. Über die politische Problematik spricht jedoch nie jemand, dass es sich hier um Kriegsflüchtlinge handelt, die Schutzbedürftige sind und für die es keine andere Möglichkeit gibt, als die lebensgefährliche Fahrt über das Mittelmeer, da es keine legalen Wege nach Europa gibt (Buchen, 2015, S. 136).

Die Grenzschutzagentur Frontex sichert die EU-Außengrenzen ab. 2015 bemühte sich Frontex, auch die EU-Außengrenzen am Mittelmeer abzuschotten. Flüchtlinge, die es trotzdem in ein EU-Mitgliedsland schafften, wurden in dem Ankunftsland direkt von Frontexmitarbeitern befragt, und es wurde ein Asylantrag gestellt, der geprüft wurde. Bei einem positiven Bescheid wurden die Flüchtlinge an andere EU-Länder weitergeleitet, die sich zuvor zu einer freiwilligen Aufnahme verpflichtet hatten (Gillen, 2015b, S. 176). Die Einrichtung solcher sogenannten Hotspots zielt auf ein beschleunigtes Asylverfahren (Müller, 2015, S. 271). Damit hilft Frontex bei der ins Wanken geratenen Einhaltung der Dublin-III-Verordnung von 2013. Darin haben die EU-Staaten, Norwegen, Island, die Schweiz und Liechtenstein festgelegt, dass ein Asylantrag immer in dem Land zu stellen ist, in dem ein Flüchtling erstmals EU-Boden betritt. Italien und Griechenland als Haupteinreiseländer vom Mittelmeer aus werden von den anderen EU-Staaten bei der Einrichtung und dem Betrieb solcher Hotspots unterstützt (Gillen, 2015b, S. 176).

Daraus entwickelte sich ein gemeinsames europäisches Asylrecht auf der Grundlage der Genfer Flüchtlingskonvention (Endres de Oliveira, 2015, S. 253, 258).

Sollte ein Flüchtling weiterreisen und den Asylantrag in einem anderen Land stellen, so kann er in das Einreiseland zurückgeschickt werden (Bundesamt für Migration und Flüchtlinge, 2016). Im Sommer 2015 wird ein Gesetz beschlossen, nach dem Flüchtlinge, die sich nicht an das Dublin-Abkommen halten, direkt an der Grenze oder in einem anderen

Land als jenem, in dem sie zuerst EU-Boden betreten haben, inhaftiert werden dürfen (Gillen, 2015b, S. 181). Dadurch hatte Deutschland lange Zeit nicht viel mit den geflüchteten Menschen aus Syrien zu tun, da es nicht an einer europäischen Außengrenze liegt (Popp, 2015, S. 25 - 26; Reschke, 2015, S. 9 - 10). Vorrangig kommen die Flüchtlinge in den Ländern an, die am Mittelmeer liegen oder an der Balkanroute. Da diese Länder von den anderen Staaten kaum unterstützt wurden, um den großen Andrang von schutzsuchenden Menschen zu bewältigen, entstanden immer mehr Spannungen untereinander (Endres de Oliveira, 2015, S. 258).

Je mehr die EU-Außengrenzen abgeriegelt werden, umso mehr Dreistigkeit entwickeln die Schleuser und umso größeren Gefahren sind die Flüchtlinge ausgesetzt. Des Weiteren steigt der Preis für die Flucht (Buchen, 2015, S. 126).

Bei der Frage nach der Asylpolitik herrscht große Uneinigkeit in der EU. Kanzlerin Merkel plädierte Mitte 2015 für die Abschaffung des Dublin-Abkommens und stattdessen für die Einführung eines europaweiten Verteilungssystems. Wenige Tage später stellte Österreich den Zugverkehr nach Deutschland ein, und selbst das Schengen-Abkommen (die Reisefreiheit innerhalb der beteiligten Länder und damit weiter Teile Europas) wurde in Frage gestellt (Popp, 2015, S. 26 - 27). Da die Europäische Union in dieser Frage nicht zusammenhält und nicht gemeinsam versucht, das Flüchtlingsproblem zu lösen, droht sie auseinander zu brechen. Unter den Mitgliedsstaaten herrscht Misstrauen, und so scheinen Zäune und Grenzkontrollen, die das Schengen-Abkommen außer Kraft setzen, die einzige Lösung zu sein (Müller, 2015, S. 264). Zunehmend wirkt es so, als ob Europa mit der Flüchtlingskrise nicht fertig werde. Sobald es darum geht, gemeinsam Lasten zu tragen, sieht jedes europäische Land nur sich selbst mit seinen Problemen (Müller, 2015, S. 272). Darüber hinaus sollen weitere Länder als sichere Herkunftsländer eingestuft werden, um die aus diesen Ländern geflohenen Menschen schneller abschieben zu können (Müller, 2015, S. 271).

Anfang September 2015 kündigt Ungarn an, die Grenze zu Serbien besser abzusichern (Müller, 2015, S. 267). Zur selben Zeit wird die Balkanroute zunehmend überwacht, und immer mehr Grenzen werden für Flüchtlinge geschlossen; dadurch kommen auf diesem Weg nur noch wenige Menschen in die EU. In der Hoffnung, noch über die Grenze zu kommen, stehen viele Flüchtlinge tagelang in Kälte und Regen ohne warme Kleidung, ohne Essen und Trinken (Gillen, 2015b, S. 179 - 180). Da einige westeuropäische Länder sehr viele Flüchtlinge aufgenommen haben, drohten diese den osteuropäischen im Laufe des Jahres 2015 mit Sanktionen. Solange keine Bereitschaft da ist, Flüchtlinge aufzunehmen, werden Projekte in diesen Ländern nicht finanziert (Müller, 2015, S. 269). Trotz dieser dramatischen Szenen an den EU-Außengrenzen wollen die EU-Staaten ihr Asylrecht aus Angst vor den Asylbewerbern nicht lockern (Popp, 2015, S. 19 - 20). Ende Oktober 2015 wird in Deutschland der Beschluss gefasst, dass abgelehnte Asylbewerber so schnell wie möglich wieder in ihre Herkunftsländer gebracht werden (Gillen, 2015b, S. 179 - 180).

„Dem wachsenden Migrationsdruck wird ein Festungs- und Abschottungsprogramm entgegengesetzt." (Hax-Schoppenhorst & Jünger, 2010, S. 77). So wird in unserer Welt nach nationaler Herkunft eine Mehrklassengesellschaft gebildet. Diese spricht Menschen einer Nationalität mehr Rechte zu als Menschen einer anderen. In den wohlhabenderen Ländern werden Flüchtlinge oft als Bedrohung wahrgenommen, da diese Länder sich nicht in der Verantwortung sehen, die Konsequenzen der zum Teil von ihnen mit verschuldeten Situationen in den Herkunftsländern der Flüchtlinge zu tragen (Hax-Schoppenhorst & Jünger, 2010, S. 77 - 78).

Die Allgemeine Erklärung der Menschenrechte der UN von 1948 beinhaltete das Recht auf Asyl und Ausreise. 1951 trat ein Abkommen über die Rechtsstellung der Flüchtlinge (Genfer Flüchtlingskonvention) in Kraft; dies ist der Grundpfeiler des internationalen Flüchtlingsrechts. Bereits darin war das Zurückweisen von Flüchtlingen, die aus einem Land kommen, in dem Menschenrechte verletzt werden, verboten. Aufgabe der UNHCR ist es, über die Einhaltung der Genfer Flüchtlingskonvention zu wachen. Diese galt zunächst einmal für europäische Flüchtlinge, wurde jedoch 1967 auf alle Nationalitäten ausgeweitet (Endres de Oliveira, 2015, S. 252).

„Um diese neuen Einwanderungsströme zu bewältigen, brauchen wir eine neue europäische und nationale Einwanderungspolitik, die auf politischer Intelligenz, humanitärem Geist und praktischen [sic!] Sinn beruht." (Naso, 2016, S. 60).

Problematisch ist, dass sich nur Bundeskanzlerin Merkel ein Herz fasst und die Flüchtlinge zu sich nach Deutschland holen lässt. Hingegen signalisieren viele andere EU-Länder, dass sie keine Flüchtlinge aufnehmen wollen (Amjahid, 2015, S. 105). Deutschland agiert in der Flüchtlingspolitik sehr widersprüchlich. So tut Bundeskanzlerin Merkel alles, um die EU-Außengrenzen zu sichern und gezielt gegen Schlepper vorzugehen. Sind jedoch die Flüchtlinge erst einmal in Deutschland, so werden sie freudig in Empfang genommen (Buchen, 2015, S. 131).

In Europa nimmt im Laufe des Jahres 2015 die Zahl der rechtsextrem eingestellten Menschen zu, so das rechtsextremistische Parteien immer mehr Zulauf bekommen (Müller, 2015, S. 264). Auf Deutschland bezogen steigt die Zahl der Anhänger von Alternative für Deutschland (AfD) und Pegida (Patriotische Europäer gegen die Islamisierung des Abendlandes), die ihre Ängste mit politischen Motiven verknüpfen und so verstärkt Ängste bei weiten Teilen der Bevölkerung schüren. Hinzu kommt, dass eine nicht religiöse Gruppe wie die AfD christliche Werte wie z.b. die Orientierung an biblischen Überlieferungen und christlichen Festen benutzt, um Angst zu verbreiten (Biehl, 2016, S. 15).

Um die Flüchtlingszahlen in der EU zu reduzieren, hat die Bundesregierung Ende April 2016 ein weiteres Abkommen mit der Türkei geschlossen, das Menschenrechtler kritisch sehen. Demnach werden alle illegal in Griechenland ankommenden Flüchtlinge wieder direkt in die Türkei zurückgeschickt, und die EU nimmt im Gegenzug illegalen Flüchtling einen syrischen Bürgerkriegsflüchtling aus der Türkei auf (Düsenberg, 2016, S. 10).

Ende Mai 2016 beschließt die EU, legale Fluchtwege nach Europa zu fördern. Im Juni 2016 einigen sich die EU-Mitgliedsstaaten auf eine schnellere Umverteilung von syrischen Flüchtlingen aus Italien und Griechenland auf die anderen Mitgliedsstaaten (Europäischer Rat, 2016). Die spezifische Flüchtlingspolitik in Deutschland und deren Auswirkungen auf die deutsche Gesellschaft beleuchtet das folgende Kapitel.

3.2   Die aktuelle Situation in Deutschland

Aufgrund der niedrigen Geburtenrate ist Deutschland auf Zuwanderer angewiesen. Nur mit Hilfe von Migranten kann Deutschland seine Produktionskapazität aufrecht halten und die Alterssicherung gewährleisten. Für Flüchtlinge ist Deutschland ein attraktives Land, da es Arbeitsplätze und ein Wohlstandsniveau hat, welches die Herkunftsländer nicht bieten (Münkler, 2015, S. 196). Wichtig zu bedenken ist, dass ein schnelles Asylverfahren, die Integration in das Bildungssystem und in den Arbeitsmarkt nicht die Lösung aller Probleme ist, die durch die hohe Flüchtlingsrate entstehen (Straubhaar, 2015, S. 248). Anerkannte Flüchtlinge bekommen in Deutschland Sozialleistungen, eine Wohnung und Sprachkurse (Müller, 2015, S. 266 - 267). Einige Wirtschaftsverbände sehen in der großen Zuwanderungszahl die Chance, die Rentenprobleme durch den demographischen Wandel aufzufangen. Sie werben für die Aufnahme von Flüchtlingen (Löhlein, 2015, 299).

Deutschland hat bis Mitte des Jahres 2011 durch Gelder und Experten versucht, In Syrien eine soziale Marktwirtschaft aufzubauen. Da dieses Vorhaben scheiterte, überließ man Syrien seinem Schicksal. In der Folgezeit investierte Deutschland in Grenzräume und Seepatrouillen, um die EU und sich selbst vor der drohenden Flüchtlingsflut abzuschotten (Buchen, 2015, S. 120). Anstatt Fluchtursachen zu bekämpfen, unterstützt Deutschland durch finanzielle Mittel eine Sicherung der EU-Außengrenzen noch weit vor den Toren Europas. So erhalten Libyen, Tunesien und andere Länder Afrikas Unterstützung, damit sie keine geflohenen Menschen in die EU reisen lassen. Außerdem wird mit aller Macht versucht, gegen Fluchthelfer vorzugehen, um den Flüchtlingsstrom so gering wie möglich zu halten (Gillen, 2015b, S. 171).

Bis Herbst 2013 war Deutschland gegen die Aufnahme von syrischen Kriegsflüchtlingen. Die deutschen Botschaften in den an Syrien angrenzenden Ländern wurden geschlossen, so dass es nicht mehr möglich war, an ein Visum zu gelangen. In Deutschland lebende Syrer baten Menschenrechtsorganisationen, ihre Verwandten aus Syrien zu holen, welches von Pro Asyl und den Grünen unterstützt wurde. Die deutsche Regierung lehnte einen solchen Zuzug lange ab, bis Ende 2013 einzelne Syrer nach Deutschland kommen durften (Buchen, 2015, S. 121). Im Jahr 2014 war Deutschland dann innerhalb der EU-Staaten das Land, das die meisten asylsuchenden Menschen aus Syrien aufnahm (Gillen, 2015a, S. 51).

Viele der Menschen, die aus Syrien nach Deutschland geflohen sind, möchten wieder in ihre Heimat zurück, sobald es dort Frieden gibt (Helberg, 2015, S. 56). Syrische Flüchtlinge sind überwiegend Kriegsflüchtlinge, für die aus humanitären Gründen bestimmte Kontingente eingerichtet werden können (Helberg, 2015, S. 70).

Nur Syrer, die reiche Verwandte in Deutschland haben, die für sie bürgen und ihren Unterhalt zahlen, können legal nach Deutschland kommen. Für alle anderen Syrer besteht nur der illegale Weg mit gefälschten Papieren oder der lebensgefährliche Weg über das Mittelmeer. Sinnvoller wäre es, ein größeres Kontingent von Menschen nach humanitären Kriterien auszuwählen, sie unter klar geregelten Bedingungen nach Deutschland zu holen und gerecht auf die Kommunen und Gemeinden zu verteilen (Helberg, 2015, S. 70).

Ab Frühjahr 2015 waren Griechenland und Italien mit der Masse der fliehenden Menschen so überfordert, dass sie die Flüchtlinge weiter ziehen ließen, bis sie eben in Deutschland ankamen. Weder die deutschen Politiker noch die Verwaltungen der Länder und der Städte waren auf diesen Andrang von Menschen vorbereitet. Dadurch kam es dazu, dass sich viele Menschen ehrenamtlich engagierten, um den Geflüchteten beizustehen und für einen guten Start in Deutschland zu sorgen. Sozialarbeiter und Bürgermeister mussten schnellstmöglich Schlafplätze bereitstellen und für eine ausreichende Versorgung mit Nahrungsmitteln sorgen (Reschke, 2015, S. 10 - 11). Die Sachbearbeiter, bei denen sich jeder Flüchtling registrieren lassen muss, waren zunehmend mit der Situation überfordert. Viele geflohene Menschen warteten oft tagelang vor Ämtern, um sich registrieren zu lassen (Popp, 2015, S. 25).

274.923 Menschen haben in Deutschland bis Anfang Oktober 2015 einen Asyl-Erstantrag und 28.520 Menschen einen Folgeantrag gestellt. Zirka ein Drittel der Asylanträge stammte von Menschen, die aus einem Land geflohen sind, das als sicheres Herkunftsland gilt.

Sie werden aller Voraussicht nach als Asylbewerber abgelehnt und abgeschoben werden (Gillen, 2015a, S. 50). Bereits 1949 sicherte Deutschland politisch verfolgten Menschen Schutz zu. Dieser wurde auf Grund der Naziherrschaft im Grundgesetz, Artikel 16, Abs. 2, verankert. Aufgrund des großen Asylandrangs Anfang der 90er Jahre des letzten Jahrhunderts wurde dieser Artikel durch Artikel 16a eingeschränkt. Danach haben Personen, die über einen sicheren Drittstaat einreisen, kein Recht auf Asyl in Deutschland. Außerdem gilt der Artikel 16 nicht für Menschen, die aus einem sicheren Herkunftsland fliehen (Deutscher Bundestag, 2009, §16a Abs. 1 & 2 GG; Endres de Oliveira, 2015, S. 255).

Seit Mitte 2015 wird sogar die Einführung einer Obergrenze für die Zahl von Flüchtlingen, die nach Deutschland einreisen dürfen, diskutiert. Des Weiteren sollen weitere Länder, aus denen derzeit viele Menschen fliehen, als sichere Herkunftsländern eingestuft werden (Endres de Oliveira, 2015, S. 256 - 257). Außerdem beschloss die deutsche Innenpolitik eine Verschärfung des Asylrechts, so dass Flüchtlinge jetzt bis zu sechs Monate in der Erstaufnahmeeinrichtung bleiben müssen. Darüber hinaus kann eine Abschiebung nach der neuen Rechtslage ohne Vorankündigung erfolgen (Gillen, 2015b, S. 178 – 179; Popp, 2015, S. 26). Des Weiteren wurden Asylbewerberleistungen gekürzt, so dass es jetzt vorrangig Sachleistungen an Stelle von Geldzahlungen gibt, was das Selbstbestimmungsrecht der Betroffenen erheblich einschränkt (Endres de Oliveira, 2015, S. 256 - 257).

Ende August 2015 verschlechterte sich die Situation in Ungarn für die geflohenen Menschen rapide. So beschloss Bundeskanzlerin Angela Merkel am 4. September, die schutzsuchenden Menschen mit Sonderzügen nach Deutschland zu holen. Der bayrische Ministerpräsident Horst Seehofer verurteilte den Alleingang der Bundeskanzlerin, so dass in den Folgetagen Grenzkontrollen an der Bayerischen Grenze zu Österreich eingeführt wurden (Popp, 2015, S. 23 - 24).

Die Menschen auf der Flucht informieren sich immer wieder über Deutschland und dessen Asylpolitik. Es wird positiv wahrgenommen, dass Bundeskanzlerin Merkel die Flüchtlinge willkommen heißt, obwohl viele deutsche Entscheidungsträger dagegen sind (Amjahid, 2015, S. 103). Wer keinen Zugang zu politischen Informationen über Deutschland hat, erhält Informationen über andere Menschen. Dabei werden oft auch falsche Informationen weitergegen, wie z.B. dass man nach Berlin reisen müsse, um die Anerkennung seiner Berufsausbildung zu erlangen oder dass man fließend deutsch sprechen müsse, um einen Asylantrag zu stellen (Amjahid, 2015, S. 105). Auch erschreckende Bilder wie brennende Flüchtlingsunterkünfte oder Nazi-Aufmärsche erreichen die Flüchtlinge. Diese werden jedoch von den hoffnungsvollen Worten von Angela Merkel überstrahlt. Viele Syrer sagen sich, dass die Gefahr in Deutschland zu sterben, bei weitem geringer ist als in Syrien (Amjahid, 2015, S. 106; Kazim, 2015, S. 116).

Bereits im Oktober 2015 betont Angela Merkel, dass die EU-Außengrenzen wieder besser gesichert werden müssen (Amjahid, 2015, S. 106). Zur gleichen Zeit steigt die Anzahl von Anschlägen auf Flüchtlingsunterkünfte. Solche Anschläge werden zum Teil von Pegida-Anhängern unterstützt, die seit Oktober 2014 an vielen Orten wöchentlich gegen fremde Menschen in Deutschland demonstrieren (Foroutan, 2015, 284; Gensing, 2015, S. 222; Popp, 2015, S. 20; Reschke, 2015, S. 11 - 12). Seit Juni 2015 wird nicht nur in deutschen sozialen Netzwerken gegen die Flüchtlinge eine Hetzjagd betrieben, sondern auch auf offener Straße bei Demonstrationen vor Flüchtlingsunterkünften (Popp, 2015, S. 19 - 20). In Deutschland wird ein radikaler Rechtspopulismus immer stärker. Besonders in Sachsen gewannen die Rechtsradikalen mehr Zulauf, so dass immer mehr Menschen bei Pegida-Demonstrationen auf die Straße gingen (Popp, 2015, S. 20). Im Herbst 2015 steigt in der gesamten Bundesrepublik die Angst vor zu vielen Flüchtlingen; Angst vor einem Verlust von Reichtum und Macht breitet sich aus (Gillen, 2015b, S. 182). Die Angst vor einer Umverteilung von Gütern und Sozialleistungen durch die steigenden Flüchtlingszahlen ist inzwischen bis in die Mitte der Gesellschaft vorgedrungen (Münkler, 2015, S. 192). Die deutschen Bürger haben Angst, ihre Arbeit oder ihren Besitz zu verlieren, Angst, dass die deutschen Werte verloren gehen. Letztlich haben die Menschen Angst vor der Veränderung (Gensing, 2015, S. 218).

Die Hetze gegen Flüchtlinge hat Erfolg, weil die Politiker hier die Menschen auf ihrer emotionalen Ebene ansprechen und ihre Gefühle wie die Angst vor Fremden bestärken. Angst ist die stärkste Emotion des Menschen (Gensing, 2015, S. 219). Gerade in Sachsen ist die Zahl der Anhänger der Nationaldemokratischen Partei Deutschlands (NPD) und der AfD groß. Sachsen ist eines der Neuen Bundesländer; viele der dort lebenden Menschen sind noch mit den Werten der Deutschen Demokratischen Republik (DDR) aufgewachsen. In Sachsen leben nur sehr wenige Menschen aus anderen Herkunftsländern; hier ist die Angst vor den Fremden so groß, weil es bis jetzt kaum Berührungspunkte gibt (Gensing, 2015, S. 220).

Oft passiert es, dass Politiker als Volksverräter beschimpft werden, da sie sich nicht gegen die große Zahl der neu eingetroffenen Flüchtlinge wehren (Gensing, 2015, S. 226). Viele deutsche Bürger fürchten, dass die Erwartungen der Flüchtlinge mit ihren eigenen Bedürfnissen kollidieren. Gerade Erscheinungen wie die Euro-Krise, die Globalisierung und auch die Staatsverschuldung tragen zu diesen Ängsten der Menschen bei. Auf dieser Grundlage lassen sich sehr leicht Ängste gegen Fremde schüren (Straubhaar, 2015, S. 237). Dadurch brachten die Landtagswahlen im März 2016 große Verluste für die Volksparteien wie die Christlich Demokratische Union (CDU) und die Sozialdemokratische Partei (SPD); dagegen fuhr die AfD hohe Erfolge ein (Stegemann, 2016).

Ende des Jahres 2015 zählte man 1,1 Millionen neu zugewanderte Migranten in Deutschland (Institut für Arbeitsmarkt- und Bildungsforschung, 2016, S. 6). In den ersten sieben Monaten des Jahres 2016 sind 77.000 syrische Flüchtlinge nach Deutschland gekommen (Mediendienst Integration, August 2016). Um deren Integration zu fördern, trat am 08. August 2016 in Deutschland das neue Integrationsgesetz in Kraft. Demnach werden mehr Integrationskurse angeboten, und um die Integration zu fördern und einer Ghettobildung vorzubeugen, können die einzelnen Länder den Flüchtlingen für drei Jahre einen Wohnort zuweisen. Außerdem sollen Flüchtlinge bereits während des laufenden Asylverfahrens einer Tätigkeit nachkommen und beispielsweise in Aufgaben rund um ihre Flüchtlingsunterkunft eingebunden werden (Die Bundesregierung, 2016).

Alleinfliehende Minderjährige werden in Deutschland direkt ans Jugendamt vermittelt, wo dann ein Vormund bestimmt wird (Hödl, 2015, S. 158). Familien und alleinstehende Erwachsene werden in Erstaufnahmeunterkünften untergebracht, womit sich das nachfolgende Kapitel näher befasst.

3.2.1 Unterbringung von syrischen Flüchtlingen

Bis genügend Wohnungen und Privatunterkünfte zur Verfügung stehen, werden die Flüchtlinge in größeren Erstaufnahmeunterkünften – oft Turnhallen mit Doppelstockbetten – untergebracht, wo sie keine Privatsphäre haben (Amjahid, 2015, S. 107; Löhlein, 2015, 301; Schmollack, 2015, S. 147). Zum Teil sind diese Unterkünfte sehr dunkel, da es nur wenige Fenster gibt (Hax-Schoppenhorst & Jünger, 2010, S. 25; Volkmann, 2014a, S. 5). Oft hat eine fünfköpfige Familie nur ein 15m^2 großes Zimmer, in dem nur Betten oder Liegen stehen, und wenn man Glück hat, ist der Raum mit ein paar Metallspinden und einem Kühlschrank ausgestattet; zum Teil können einzelne Bereiche mit Tüchern notdürftig abgetrennt werden. Manchmal müssen sich zwei fremde Personen ein zwölf Quadratmeter großes Zimmer teilen (Schulze Zumhülsen, 2016, S. 5). Für gewöhnlich gibt es nur eine Gemeinschaftsküche sowie Gemeinschaftstoiletten und -duschen. Nicht immer sind Gemeinschaftsräume vorhanden, um sich mit anderen auszutauschen oder um sich aus dem eigenen kleinen Zimmer zurück zu ziehen (Düsenberg, 2016, S. 10). Außerdem sind die sanitären Einrichtungen oft in einem schlechten Zustand, so dass die Flüchtlinge in ärmlichen Verhältnissen leben. Häufig sind Menschen aus verschiedenen Ländern gemeinsam untergebracht, so dass sie sich untereinander nicht oder nur mit Mühe verständigen können (Wirtgen, 2009, S. 2463). Sinnvoll wäre eine Unterbringung in eigenen Wohnungen in städtischen Gebieten (Löhlein, 2015, 301).

Meist sind Männer in den Erstaufnahmelagern in der Überzahl, so dass sie dort das Sagen haben und Frauen nicht selten unterdrückt werden (Schmollack, 2015, S. 150). Viele Frauen haben deshalb Angst vor Gewalttaten. Nicht selten begleiten die Männer ihre Frauen bis zur Toilette und warten dort auf sie, damit sie sicher zurück in ihr Zimmer kommen (Schmollack, 2015, S. 147). Immer wieder kommt es auch in den Erstaufnahmelagern zu sexuellen Übergriffen durch das Fehlen von persönlichen Bereichen und durch Zimmer, die nicht abschließbar sind. Ein weiteres Problem für Frauen ist Gewalt, die von dem eigenen Partner ausgeht (Schmollack, 2015, S. 150 - 151).

In deutschen Aufnahmelagern kommt es ab und zu zu Diebstählen und Überfällen. Um Frauen vor Gewalttaten und Übergriffen zu schützen, gibt es in immer mehr Unterkünften Räume oder Container nur für Frauen (Schmollack, 2015, S. 152). Da viele Flüchtlingsfrauen es aus ihrer Heimat nicht gewohnt sind, sich allein in der Öffentlichkeit zu bewegen, wird versucht, viele Angebote in den Erstaufnahmelagern durchzuführen. So gibt es z.B. in manchen Unterkünften Räume zum Nähen, oder auch Sprachkurse werden direkt vor Ort angeboten (Schmollack, 2015, S. 153).

Im Folgenden wird auf die medizinische Versorgung der Flüchtlinge in Deutschland eingegangen.

3.2.2 Medizinische Versorgung

Wichtig ist, dass die geflohenen Menschen Zugang zum deutschen Gesundheitssystem erhalten (Foroutan, 2015, 287). In den Erstaufnahmeeinrichtungen wird ein Großteil der medizinischen Versorgung durch ehrenamtliche Helfer aus dem Gesundheitswesen abgedeckt wie etwa durch Ärzte oder Pfleger. Da Asylbewerbern nach dem Asylbewerberleistungsgesetz nur eingeschränkte medizinische Versorgung zusteht, dürfen nur akute Erkrankungen und Schmerzen behandelt werden. Die Behandlung chronischer Erkrankungen und präventive Versorgung sind von den medizinischen Leistungen ausgeschlossen (Hax-Schoppenhorst & Jünger, 2010, S. 25; Löhlein, 2015, 303).

Arztbesuche sind mit hohem bürokratischen Aufwand verbunden, so dass mindestens der erste Arztbesuch immer in Begleitung eines Helfers geschieht (Schulze Zumhülsen, 2016, S. 5). Große Probleme ergeben sich bei dem Arztbesuch durch die sprachliche Barriere. Wenn es die Möglichkeit gibt, werden Dolmetscher hinzugezogen, wenn nicht, so muss mit Hilfe eines Internetübersetzungsprogramms gearbeitet werden (Löhlein, 2015, 304). Aufgrund mangelnder Sprachkenntnisse werden Migranten im Rahmen einer Therapie häufig nur unzureichend aufgeklärt. Wenn Dolmetschertätigkeiten in Anspruch genommen werden, so geschieht dies vielfach durch unqualifiziertes Personal wie z.B. Angehörige oder Mitarbeiter der Einrichtung, die die Sprache des Migranten sprechen, denen jedoch medizinisches Fachwissen fehlt. Dadurch kommt es nicht selten zu endlosen Diagnostiken und Fehlbehandlungen (Hax-Schoppenhorst & Jünger, 2010, S. 42 - 43). Um den Sprachproblemen entgegen zu wirken, kann man professionell ausgebildete Dolmetscher bereithalten. Hilfreich ist darüber hinaus das Anfertigen eines Flyers oder einer Broschüre, die über die wichtigsten Angebote und Leistungen oder auch Behandlungen im Gesundheitswesen informiert (Lettau, 2000, S. 70).

Oft kommt es im Bereich von psychischen Behandlungen zur Unterversorgung, da die Migranten auf Grund von fehlenden Deutschkenntnissen keine Psychotherapie machen können (Weber, 2000, S. 54). Um Migranten hier gute Gesundheitschancen und Therapiemöglichkeiten zu bieten, müssen sie Zugang zu Bildung erhalten und ihre Sprachkompetenz ausbauen können. Anders kann den Kommunikationsproblemen zwischen Ärzten und Migranten nicht zufriedenstellend begegnet werden (Schmacke, 2000, S. 64).

Im Rahmen der Gesundheitsversorgung von Migranten kann es durch schlechte Erfahrungen im Heimatland zum Aufbrechen von Erinnerungen an Diskriminierung kommen (Marschalck, 2000, S. 35).

Besonders das eigene kulturell geprägte Verständnis von Gesundheit und Krankheit beeinflusst das Gesundheitsverhalten der Migranten (Wyes, 2000, S. 46). Gerade Muslime sind durch ihre Volksmedizin geprägt. Sie gehen eher zu einem Hodscha, als dass sie einem Arzt vertrauen würden. Ein Hodscha ist ein geistlicher Lehrmeister, der durch Naturheilmittel versucht, Flüche und Geister von Personen auszutreiben, die diese krank machen. Häufig werden Erkrankungen dann äußeren Faktoren zugeschrieben wie einem Fluch von Vorfahren oder auch dem Neid von Nachbarn (Hax-Schoppenhorst & Jünger, 2010, S. 44). Manche Migranten sehen in einer Erkrankung auch die Bestrafung einer höheren Macht, die für den Betroffenen auch Sinn machen kann (Haasen, 2015, S. 490). Je nach kultureller Prägung und dem Verständnis von Gesundheit und Krankheit kann es sehr unterschiedlich sein, wie groß die Compliance (kooperatives Verhalten) eines Patienten ist, am Therapieerfolg mit zu wirken (Marschalck, 2000, S. 35 - 36).

Die Bedeutung sprachlicher Probleme bei der medizinischen Versorgung wurde bereits angesprochen. Nachfolgend wird auf sprachliche Barrieren und deren Überwindung eingegangen.

3.2.3 Sprachliche Barrieren

Die Sprache ist Ausdruck des individuellen Denkens und ordnet die wahrgenommene Welt. Sie stützt die Identität, trägt Emotionen und wirkt auf das Selbstwertgefühl. Bei fehlenden Sprachkenntnissen ist die Integration in die Aufnahmegesellschaft erschwert, und die Menschen fühlen sich schnell ausgeschlossen (Salman, 2000, S. 94). Die Sprache gibt uns vor, wie wir unsere Welt sehen und wahrnehmen. Sprechen Menschen verschiedene Sprachen, so nehmen sie die Welt unterschiedlich wahr. Jedoch ist entscheidend, dass man nicht nur die Sprache eines anderen spricht, sondern dass man seine Kultur und seine Mentalität kennt und nachvollziehen kann (Posner-Landsch, 2000, S. 106).

Die sprachliche Integration der geflohenen Menschen ist besonders wichtig. Darum sollte es ein großes Angebot an Deutschkursen geben, damit die Flüchtlinge eine Chance haben, sich in Deutschland zu verständigen (Foroutan, 2015, 287). Deshalb finden in den Erstaufnahmeunterkünften oft Deutschkurse statt. Da es viele ehrenamtliche Helfer sind, die die Deutschkurse übernehmen und gezielte Absprachen oft nicht möglich sind, verläuft der Sprachunterricht manchmal unstrukturiert. Des Weiteren herrscht in den Erstaufnahmelagern eine hohe Fluktuation, so dass nicht immer gezielt auf bereits vorhandene Deutschkenntnisse aufgebaut werden kann (Löhlein, 2015, 298). Wichtig ist, dass man während der Kommunikation mit Migranten, die keine oder nur geringe deutsche Sprachkenntnisse haben, darauf achtet, dass das gesprochene Wort und die Körpersprache im Einklang sind. Zu der Körpersprache zählen die Körperhaltung, die Mimik und die Gestik/Gesten. Besonders bei Menschen, die unsere Sprache nicht sprechen und verstehen, ist das Gespür für eine ablehnende Haltung oder Misstrauen stark ausgeprägt. Von daher sind ein Lächeln und eine offene Körperhaltung ein guter Einstieg in die Kommunikation mit Menschen anderer Herkunft (Hax-Schoppenhorst & Jünger, 2010, S. 97). Am Anfang können Piktogramme zum Erklären einfacher Sachverhalte genauso gut helfen wie eine starke Gestikulation. Sollen dem Migranten jedoch wichtige und extrem komplexe Zusammenhänge erklärt werden, so empfiehlt es sich, einen Dolmetscher hinzu zu ziehen. Dieser sollte zuvor über das Themenfeld und einzelne Inhalte des Gesprächs aufgeklärt werden, um so professionell wie eben möglich seine Arbeit verrichten zu können. Nur so kann sichergestellt werden, dass es keine Missverständnisse gibt (Hax-Schoppenhorst & Jünger, 2010, S. 99 - 100). Auch wenn ein Dolmetscher zugegen ist, sollte immer der Migrant beim Reden angesehen werden, da es um ihn geht und er nicht das Gefühl vermittelt bekommen soll, dass über ihn geredet wird. Grundvoraussetzung für das Gelingen eines solchen Gespräches sind Zeit, Ruhe und Geduld. Außerdem sollten sich beide Parteien immer wieder versichern, ob sie das Gegenüber richtig verstanden haben (Hax-Schoppenhorst & Jünger, 2010, S. 101).

Durch Sprach- und Integrationsmittler sollen Probleme in der Kommunikation mit Migranten verringert werden. Sprach- und Integrationsmittler sind speziell im sprachlichen und soziokulturellen Bereich geschult, um auch kulturspezifische Aspekte richtig zu deuten. Sie verfügen über Fachwissen in den Bereichen Bildung, Medizin und Sozialwesen (Hax-Schoppenhorst & Jünger, 2010, S. 102). Trotzdem ist es besonders wichtig, dass Migranten die deutsche Sprache erlernen, weil nur durch Sprachkenntnisse eine Integration in die neue Gesellschaft gelingen kann und die Chance zu sozialem Aufstieg gegeben ist (Münkler, 2015, S. 199). Berufsbezogene Deutschkurse gibt es für Flüchtlinge, die schon Grundkenntnisse der deutschen Sprache besitzen. Die Integrationskurse des Bundes zielen darauf, dass Flüchtlinge die Fähigkeit erlangen, die deutsche Sprache selbstständig zu verwenden. Dabei wird nach den Standards europäischer Sprachtests das Niveau B1 angestrebt, welches jedoch nicht ausreicht, um in Deutschland in den Arbeitsmarkt integriert zu werden (Löhlein, 2015, 299). Oft werden extrem hoher Erwartungen an die Migranten und ihren Erwerb der Zweitsprache gestellt. Eigentlich müsste klar sein, dass es lange dauert, bis Migranten ein tiefes Sprachverständnis erworben haben (Schmacke, 2000, S. 65).

Die Verständigung mit anderen Flüchtlingen ist zumeist sehr schwierig, da nicht alle dieselbe Sprache sprechen. Darüber hinaus ist vielen bewusst, dass sie die deutsche Sprache lernen müssen, um in Deutschland eine gute Perspektive für die Zukunft zu erlangen. In den Flüchtlingsunterkünften werden meist mehrmals pro Woche Deutschsprachkurse von ehrenamtlichen Helfern angeboten (Schulze Zumhülsen, 2016, S. 5). Weitere Informationen zum Ehrenamt und den Aufgaben von ehrenamtlichen Helfern werden im nächsten Kapitel thematisiert.

3.2.4 Ehrenamtliche Helfer

In den ersten Septemberwochen des Jahres 2015 kamen Tausende Flüchtlinge nach Deutschland. Sie wurden, wo auch immer sie ankamen, herzlichst begrüßt. Ehrenamtliche Helfer kümmerten sich um die geflohenen Menschen und leisteten medizinische Hilfe. Viele investierten mehr als fünf Stunden pro Woche, um Flüchtlinge zu betreuen (Popp, 2015, S. 22 - 23).

Als Ehrenamt oder auch ehrenamtliches Engagement bezeichnet man den Einsatz von Staatsbürgern, die sich unentgeltlich in einer Organisation oder einem Verband engagieren. Die ausgeübte Tätigkeit, heutzutage meist im sozialen Bereich, sollte dem Gemeinwohl dienen, beispielsweise durch politisches oder kirchliches Engagement (Han-Broich, 2012, S. 65 - 66). „Bürgerschaftliches Engagement soll insgesamt die demokratische

Teilhabe und das Miteinander in der Gesellschaft stärken." (Han-Broich, 2012, S. 66). Aus genau diesem Grund ist es so wichtig, dass sich ehrenamtliche Helfer in der Flüchtlings-arbeit engagieren. Sie können den Migranten dabei helfen, einen guten Start in die Aufnahmegesellschaft zu bewerkstelligen, und im Rahmen der Integration unterstützend wirken.

Oft erfahren die Kommunen relativ kurzfristig von der Ankunft neuer Flüchtlinge, und die zuständigen Mitarbeiter in den Erstaufnahmeunterkünften könnten die anstehende Arbeit allein gar nicht bewältigen. Schnell wird versucht, ehrenamtliche Helfer zu rekrutieren, die bei der Vorbereitung der Unterkunft helfen können. Sind die Flüchtlinge eingetroffen, so übernehmen Ehrenamtler oft die Essensausgabe, bieten Sprachkurse und Kinderbetreu-ung an. Über Internetgruppen wird dann informiert, welche Sachspenden wie z.B. Klei-dung oder Haushaltsgeräte benötigt werden, um diese möglichst schnell weitergeben zu können (Löhlein, 2015, 296 - 297).

Immer wieder signalisieren die Deutschen, dass sie bereit sind, Flüchtlinge aufzunehmen und zu unterstützen (Popp, 2015, S. 26). „Vielerorts wäre das System ohne das Zutun der Freiwilligen längst zusammengebrochen." (Popp, 2015, S. 23). In Schwerte beispielswei-se ist ein Sozialarbeiter für ca. 100 Flüchtlinge zuständig, und das Verhältnis Sozialarbei-ter zu Flüchtling ist vielerorts ähnlich hoch. „Ohne die ehrenamtliche Arbeit von freiwilligen Helfern könnte die Aufgabe Integration also nur schwierig bis gar nicht bewältigt werden." (Marks, 2016, zit. nach Schulze Zumhülsen, 2016, S. 5). Ehrenamtliche Helfer, sogenann-te Kümmerer, sorgen mit Hilfe von Dolmetschern durch die Vorgabe klarer Regeln für ein gutes Miteinander. Ein- oder mehrmals pro Woche wird ein sogenanntes Flüchtlingscafé angeboten. Die Helfer treffen sich regelmäßig und tauschen sich darüber aus, welche Dinge in den Flüchtlingsunterkünften noch benötigt werden. Am meisten gesucht sind Fernseher und Fahrräder (Schulze Zumhülsen, 2016, S. 5).

Je nach Verhältnis zu den Kommunen bekommen ehrenamtliche Helfer die wichtigsten Informationen über die Flüchtlinge, z.B. Familienstand, Hobbys, Qualifikationen und Inte-grationsstand. Die Integration von Flüchtlingen ist ein „vielschichtiges Feld unter schwieri-gen Bedingungen" sagt Flüchtlingshelfer Benno Cleve (Schulze Zumhülsen, 2016, S. 5).

Um das Vertrauen von Flüchtlingen zu erlangen, ist es wichtig, ihnen ein stabiles Umfeld und Sicherheit zu vermitteln. Nur so kann Vertrauen neu geschaffen werden, und deshalb ist die hohe Präsenz von ehrenamtlichen Helfern so wichtig (Moser, 2015, S. 535). Eh-renamtliche Helfer können nur einen Teil der Arbeit abdecken, die mit dem großen An-drang von Flüchtlingen verbunden ist. Deshalb ist es wichtig, dass sie bestmöglich durch Fort- und Weiterbildungsangebote auf die Arbeit mit den und für die Flüchtlinge vorbereitet werden (Zühlke, 2015, S. 28). Ehrenamtliche betonen immer wieder, dass sie sich ohne die Hilfe und Unterstützung von professionellen Helfern überfordert gefühlt hätten. Es wäre fatal, den Schluss zu ziehen, aufgrund des starken ehrenamtlichen Engagements an dieser Stelle professionelle Helfer einzusparen. Genau das Gegenteil muss gewährleistet werden, denn nur durch eine Aufstockung der Zahl von professionellen Helfern ist eine gute Begleitung von ehrenamtlichen Helfern möglich und sinnvoll (Frieters-Reermann & Neuss, 2016, S. 108 - 109).

Besonders die Arbeit mit Migranten, die Kriegs- oder Foltererfahrung haben, ist nicht leicht, da man immer damit rechnen muss, mit unklaren Verhaltensweisen oder auch Berichten über diese Erfahrungen konfrontiert zu werden. Jeder muss dabei für sich selbst seine persönliche Grenze finden, damit er nicht im Burn-out landet. Um dem vorzubeugen, sollten Ehrenamtler Tätigkeiten delegieren oder Unterstützung von professionellen Helfern einfordern, bevor sie sich selbst überfordern. Für den Helfer selbst kann eine Supervision entlastend wirken (Moser, 2015, S. 536 - 537). Aus diesem Grund werden nachfolgend die Auswirkungen der Flucht auf den Flüchtling genauer betrachtet.

4 Auswirkungen der Flucht

Dieses Kapitel setzt sich mit den Folgen der Flucht für die Migranten auseinander. Zu Beginn werden erst einmal allgemeine Auswirkungen auf den Migranten dargestellt, die sowohl positiv als auch negativ sein können. Anschließend werden die einzelnen Bereiche der psychischen, physischen und sozialen Folgen getrennt voneinander betrachtet.

Durch den Migrationsprozess werden Familien getrennt und Freunde zurückgelassen. Im Aufnahmeland müssen neue Kontakte hergestellt werden. Darüber hinaus müssen die Flüchtlinge sich in die neue Gesellschaft integrieren, eine neue Arbeitsstelle finden und sich damit abfinden, dass sie in dem neuen Land einer Minderheit angehören. Je nach Grund für die Migration gibt es auch positive Auswirkungen wie z.B. bessere ökonomische und soziale Chancen sowie eine Stärkung der Persönlichkeit durch erfolgreiche Bewältigung von Zuwanderung und Integration mit einer daraus resultierenden besseren Gesundheit (Loncarevic, 2015, S. 143). Aufgrund der Migrationserfahrung und einer gelungenen Integration in die Aufnahmegesellschaft können Migranten Ressourcen entwickeln, die sie vor Erkrankungen schützen (Loncarevic, 2015, S. 157).

Oft ist der Mann als (nach muslimischer Tradition eindeutiges) Familienoberhaupt die treibende Kraft für eine Auswanderung aus dem Heimatland – gerade, wenn er sich bessere Arbeits- und Lebensbedingungen erhofft. Nicht selten geht die Frau eher widerwillig mit. Frauen, die ihren Partner verloren haben und allein versuchen müssen, die Familie durchzubringen, migrieren auch in andere Länder, um dort bessere Entlohnung zu erhalten. Oft leiden die Frauen in den Aufnahmeländern unter Gewalt, Ausbeutung und Diskriminierung (Loncarevic, 2015, S. 149 - 150).

Allein die Migration in ein anderes Land ist ein enormer Stressor (Stressfaktor), der sich ggf. negativ auf die Gesundheit eines Menschen auswirken kann. Darüber hinaus wird der Migrant in dem Aufnahmeland ständig mit Dingen konfrontiert, die in ihm Stress auslösen. Dazu zählen eine unklare Zukunftsperspektive, eine Identitätskrise, die Entwurzelung, oft gesundheitsschädliche und körperlich belastende Arbeitsbedingungen, Diskriminierung durch die Aufnahmegesellschaft, finanzielle Sorgen und schlechte Wohnbedingungen (Salman, 2000, S. 92). Die meisten Migranten haben in Deutschland einen niedrigen sozioökonomischen Status, dieser geht mit einer höheren Erkrankungsrate einher (Hax-Schoppenhorst & Jünger, 2010, S. 39).

Die Migration selber macht nicht zwangsläufig krank und führt auch nicht unbedingt zu psychischen Erkrankungen. Eher spielen soziale Faktoren wie beispielsweise die Integration in die Aufnahmegesellschaft, Diskriminierung, der ungewisse Aufenthaltsstatus oder auch familiäre Bindungen eine Rolle (Hax-Schoppenhorst & Jünger, 2010, S. 53). Die

World Health Organization (WHO) (World Health Organization, 1978) definiert "that health, which is a state of complete physical, mental and social wellbeing, and not merely the absence of disease or infirmity, is a fundamental human right (...)". An Hand der Definition von Gesundheit der WHO ist festzustellen, dass es Migranten an den verschiedensten Dingen für eine Gesunderhaltung fehlt wie z.b. guter psychischer Betreuung und dem Zugang zu Traumatherapien. Auch die früheren Lebensbedingungen in ihrem Heimatland und Erlebnisse im Zusammenhang mit der Auswanderung können sich negativ auf die Gesundheit von Migranten auswirken (Loncarevic, 2015, S. 153 - 154).

Gerade Flüchtlinge und Asylsuchende sind gesundheitlich besonders gefährdet, da sie mit der Ungewissheit leben, wie sich ihr Leben weiter entwickelt. Aufenthaltsgenehmigungen sind oft nur auf einen bestimmten Zeitraum begrenzt, wodurch die Migranten keinen Zugang zum Ausbildungs- und Arbeitsmarkt haben und ohne eine Aufgabe in dem Aufnahmeland leben. Durch die unklare Situation lässt sich keine längerfristige Lebensplanung durchführen, und auch eine Integration in die Aufnahmegesellschaft gestaltet sich schwierig (Loncarevic, 2015, S. 151). Darüber hinaus können ein unstrukturierter Tagesablauf, eine unsichere Zukunftsperspektive und die fehlende Integration das Erkrankungsrisiko erhöhen (Hax-Schoppenhorst & Jünger, 2010, S. 56). Außerdem tragen die Fluchterfahrungen, besonders wenn sie mit Kriegs- oder Foltererfahrung im Zusammenhang stehen, zu einer Krankheitsanfälligkeit bei. Auch die soziale Randlage, in der sich Migranten im Aufnahmeland oft befinden, kann verstärkt zum Erkranken beitragen (Marschalck, 2000, S. 36).

Auf Grund der oft traumatisierenden Erfahrungen im Heimatland oder auf der Flucht ist es vielen Flüchtlingen nicht möglich, über diese Ereignisse zu sprechen. Durch Angst und ein hohes Schamgefühl können die Betroffenen im Rahmen der Anhörung im laufenden Asylverfahren ihre Fluchtgründe häufig nicht ausreichend erläutern, so dass ihnen der Schutzstatus unter Umständen nicht gewährt wird (Wirtgen, 2009, S. 2464).

Die große gesundheitliche Gefährdung der Migranten rührt daher, dass sich bei ihnen die schlechtere soziale Situation mit der gesundheitlichen potenziert, wodurch es oft zu psychischen Leiden kommt (Salman, 2000, S. 93). Durch Gewalterfahrungen im Heimatland sind viele Migranten psychisch verstört, obwohl sie körperlich völlig gesund sind. Kinder, die zum Teil allein auf die Flucht geschickt werden, bekommen von ihren Eltern die Auflage, ihre gesamte Identität zu verleugnen, um die zurückgebliebene Familie zu schützen (Köttgen, 2000, S. 150). Diskriminierung und soziale Ausgrenzung im Aufnahmeland führen zu chronischem Stress, der in seiner Folge ebenfalls krank machen kann (Hax-Schoppenhorst & Jünger, 2010, S. 42 - 43).

Die völlige Entwurzelung aus dem Familien- und Freundeskreis, der Heimat und der eigenen Kultur, führt dazu, dass sich Migranten fremd fühlen, oft traurig sind und unter Einsamkeit leiden. In dem Aufnahmeland wird meist eine andere Sprache gesprochen, und ohne die Sprache zu beherrschen, muss der Migrant Behörden aufsuchen, um Anträge zu stellen, die ihm hoffentlich einen Aufenthalt und sichere Lebensbedingungen bieten. In der Literatur wird der Übergang von dem eigenen in einen anderen Kulturkreis als Kulturschock bezeichnet, da die Migranten im Vergleich zum eigenen Heimatland zumeist auf eine völlig andere Kultur und Mentalität der Menschen im Zielland treffen (Lenthe, 2016, S. 99 - 100).

Für viele Migranten ist es schwierig, sich von einer Agrargesellschaft jetzt auf eine Industriegesellschaft umzustellen. Hinzu kommt die häufig erhebliche klimatische Veränderung (Hax-Schoppenhorst & Jünger, 2010, S. 54). Durch fehlende Nachweise über Schulabschlüsse gestalten sich Zukunftsperspektiven oft schwierig, und die teilweise konträren Geschlechterrollen der eigenen Kultur und der Aufnahmegesellschaft verhindern bei jugendlichen Migranten das Ausbilden eines stabilen Selbstbewusstseins. Auch für die nachfolgenden Generationen bleibt das Identitätsproblem bestehen, da sie sich weder in dem Heimatland ihrer Vorfahren noch in dem Aufnahmeland zu Hause fühlen (Weber, 2000, S. 52). Dadurch steigt die Risikobereitschaft, und gesundheitsschädliche Verhaltensweisen nehmen zu (Nitschke-Özbay, 2000, S. 122). Auf die psychischen Folgen geht das folgende Kapitel näher ein.

4.1 Psychische Folgen

Das Diagnostizieren von psychischen Erkrankungen ist bei Menschen mit Migrationshintergrund wesentlich schwieriger als bei Patienten der westlichen Kulturkreise. Zum einen fehlt den Migranten oft der entsprechende Wortschatz in der neuen Sprache, um die persönlichen Gefühle und das empfundene Leid zu artikulieren. Darüber hinaus sind viele verschiedene Symptome bei Migranten eventuell gar nicht sichtbar, oder sie treten verstärkt auf, was die Zuordnung zu einem spezifischen Krankheitsbild erschwert und oft zu Fehldiagnosen führt (Haasen, 2015, S. 491 - 493). Beim Diagnostizieren von psychischen Störungen bei Migranten muss der soziokulturelle Hintergrund, aus dem die betroffene Person stammt, mit berücksichtigt werden (Haasen, 2015, S. 491 - 495).

Gerade Migranten mit Kriegs- und Gewalterfahrungen wie beispielsweise Folter erleben häufig Flashbacks (das erneute Durchleben einer Situation) und leiden zum Teil noch Jahre später unter einer posttraumatischen Belastungsstörung (PTBS). So ist es nicht verwunderlich, dass die Zahl der Suizidversuche und der Suizide höher ist als in der ein-

38

heimischen Bevölkerungsgruppe. Gründe dafür liegen zum einen in der Flucht und der damit verbundenen Trennung von Freunden und Verwandten. Zum anderen erleben Migranten in dem Aufnahmeland häufig Diskriminierung, soziale Isolation und das Problem der Perspektivlosigkeit durch geringe Chancen, einen Arbeitsplatz zu finden, der dem Leistungsniveau des Migranten entspricht. Darüber hinaus fehlt es den Migranten oft an Sprachkenntnissen, so dass eine Integration in die Aufnahmegesellschaft erschwert ist (Nyfeler, 2015, S. 507 - 508). Häufig treten Identitätsprobleme auf, die durch die Arbeitslosigkeit begünstigt werden. Dieses Problem bleibt oft noch Generationen später bestehen (Nitschke-Özbay, 2000, S. 122; Weber, 2000, S. 54). Darüber hinaus treten Suchterkrankungen wie beispielsweise Missbrauch von Alkohol oder Drogen bei Migranten häufig auf. Auch der Tabakkonsum ist bei diesem Personenkreis deutlich höher (Hax-Schoppenhorst & Jünger, 2010, S. 68).

Der Begriff „Trauma" stammt aus dem Griechischen und bedeutet so viel wie „Wunde" oder „Verletzung". Als Trauma wird entweder die Ursache für einen Stressor bezeichnet oder seine Auswirkungen, die sich psycho-emotional oder auch psychosomatisch bemerkbar machen können. Der Begriff Stressor steht für eine von außen kommende Belastung, die eine Person sowohl positiv als auch negativ erleben kann. Damit wurde im traditionellen Sinn ein einmaliges Erlebnis bezeichnet, das das Gefühlserleben erschüttert und sich schädlich auf die Psyche einer Person auswirkt (Moser, 2015, S. 519 - 520). Bei vielen Migrantinnen treten schwere Traumata auf, da sie auf der Flucht vergewaltigt wurden oder sich die Flucht durch Prostitution finanzieren mussten (Schmollack, 2015, S. 150).

Unter extremer Traumatisierung versteht man die Unvergleichbarkeit und Einzigartigkeit von individuellen Erfahrungen, wie sie z.B. durch Kriegsereignisse oder Folter entstehen können. Im Jahre 1979 entwickelte Keilson das Konzept der sequentiellen Traumatisierung, in dem er die traumatisierende Erfahrung in drei Phasen unterteilt. Die erste Phase ist der Beginn der Verfolgung, die zweite ist die Haft, Folter oder Kriegserfahrung als solche, und die dritte ist die Zeit nach dem Krieg oder der Folter, wenn das Leben wieder in geordneten Dahmen verläuft. Von besonderer Bedeutung ist die dritte Phase, da hier durch gute äußere Bedingungen die Bewältigung des Traumas einen positiven Verlauf nehmen kann. Hingegen wirken sich negative Bedingungen auch negativ auf die Bewältigung aus. Darum ist es so wichtig, dass den Migranten im Aufnahmeland bestmögliche Bedingungen geboten werden (Moser, 2015, S. 521).

Aus diesem Grund ist die Unterbringung in großen Erstaufnahmeunterkünften ohne Privatsphäre für Flüchtlinge eine zusätzlich Belastung (Löhlein, 2015, 301). Auch das Warten auf die Registrierung und Anerkennung als Flüchtling stellt eine große psychische Belastung dar; genauso wie das untätige Dahin-Leben, weil in dieser Zeit keine Beschäftigung aufgenommen werden darf (Löhlein, 2015, 307 - 308). Oft kommt es zu psychischen Folgen, wenn eine Integration in die Aufnahmegesellschaft nicht gelingt. So können beispielsweise Depressionen, psychosomatische Erkrankungen und Aggressionen entstehen (Han-Broich, 2012, S. 190). Dies erklärt, warum unter Migranten schizophrene Psychosen (Denk- und Wahrnehmungsstörungen, Halluzinationen und Wahn) häufiger vertreten sind als in der einheimischen Bevölkerung (Hax-Schoppenhorst & Jünger, 2010, S. 65).

Generell treten psychische Erkrankungen unter Migranten deutlich häufiger auf, was in einem engen Zusammenhang mit den Lebensbedingungen im Aufnahmeland steht. So leben viele in schlechten Wohnverhältnissen, erfahren immer wieder Ausgrenzung und werden oft Opfer von Diskriminierung (Hax-Schoppenhorst & Jünger, 2010, S. 40). Besonders häufig treten Depressionen auf, diese sind mit einem hohen suizidalen Risiko verbunden. Oft ist eine Diagnostik der Depression erschwert, da viele Migranten ihre psychischen Probleme in eine somatische Erkrankung transferieren (Hax-Schoppenhorst & Jünger, 2010, S. 62 - 63, 77). Teilweise bildet sich ein psycho-somatischer Beschwerdekomplex (Weber, 2000, S. 50). Die häufigsten psychosomatischen Beschwerden sind Rückenschmerzen, nervöse Unruhe, Erschöpfungszustände sowie Kopfschmerzen (Hax-Schoppenhorst & Jünger, 2010, S. 64).

Von den psychischen Erkrankungen sind bei Migranten psychosomatische Störungen, PTBS, Psychosen, Drogenabhängigkeit und Depressionen die häufigsten. Bei der Entstehung der psychischen Störungen spielen die Erfahrungen im Heimatland, Erlebnisse auf der Flucht und die Integration in die Aufnahmegesellschaft eine entscheidende Rolle (Hax-Schoppenhorst & Jünger, 2010, S. 62; Zenker, 2000, S. 173). Das Hören von Stimmen, aggressives oder auch selbstverletzendes Verhalten können Folgen von Folter- und Kriegserfahrungen sein (Köttgen, 2000, S. 153 - 154).

Aufgrund der Migrationserfahrung und durch Probleme bei der Integration in die Aufnahmegesellschaft kann es zu einer PTBS kommen. Durch die traumatischen Kriegs- und ggf. Foltererfahrungen ist der Körper in permanenter Alarmbereitschaft, wodurch die betroffene Person ein zehnfach höheres Risiko für eine psychische Erkrankung hat (Hax-Schoppenhorst & Jünger, 2010, S. 64 - 65, 77). Bei Kriegs- und Folteropfern wird die PTBS am häufigsten diagnostiziert. Betroffene haben lebensbedrohliche Situationen erlebt und leiden zum Teil noch Jahre später unter Alpträumen, Flashbacks, Wutausbrüchen und erhöhter Schreckhaftigkeit. Manchen Betroffenen ist es nicht möglich, über die traumatisierenden Erfahrungen zu sprechen, sie zu erinnern oder auch Kontakt zu Personen zu haben, die während des traumatischen Ereignisses anwesend waren (Moser, 2015, S. 522 - 523). Durch Folterung werden Opfer lebenslang geschädigt, da ihre Lebenswelt völlig zerstört wird und sie unter den Folgen den Rest ihres Lebens leiden. Die im Rahmen der Folterung ausgeübte Erniedrigung zerstört die Identität des Opfers und das Urvertrauen in die eigene Handlungsfähigkeit (Moser, 2015, S. 528). Solche Erfahrungen zerstören die eigene Identität oder rauben vollständig den Glauben an ein Leben in Sicherheit; dies kann in seiner Folge zu einer PTBS führen (Marschalck, 2000, S. 40 - 41; Weber, 2000, S. 54).

Gerade unter den allein fliehenden Minderjährigen ist die Zahl der Menschen mit emotionalen Störungen und Belastungsstörungen besonders hoch. Dies äußert sich in Sorgen, Ängsten und Depressionen (Hödl, 2015, S. 158). Die Selbstmordrate von jugendlichen Migrantenmädchen ist bedeutet höher als die von Gleichaltrigen in dem Aufnahmeland (Brandrup-Lukanow, 2000, S. 14). Durch Kriegserfahrungen, den Verlust eines Elternteils, durch Gewalterfahrungen oder auch den Zwang zu Gewalttaten kann es bei Kindern zu Entwicklungsverzögerungen kommen. Gerade dann, wenn der Mensch sich in Sicherheit wissen kann, erfolgt oft der psychische Zusammenbruch (Köttgen, 2000, S. 153).

Aufgrund des Akkulturationsstresses (Stress in Folge einer Anpassung an eine fremde Kultur) treten bei Migranten vermehrt psychische Probleme auf, da sie sich immer zwischen dem angemessenen Verhalten zweier völlig verschiedener Kulturen entscheiden müssen. Dieser Akkulturationsstress führt oft zu einem höheren Risikoverhalten; zum anderen kann er sich in Suchtproblemen wie beispielsweise Alkohol-, Drogenmissbrauch und Essstörungen auswirken (Köttgen, 2000, S. 153; Marschalck, 2000, S. 38). Darüber hinaus leiden viele Migranten immer wieder unter Heimweh (Moser, 2015, S. 532). Die dadurch verursachten physischen Symptome werden im nächsten Kapitel benannt.

4.2   Physische Folgen

Fluchterfahrungen und der Wechsel in einen anderen Kulturkreis wirken sich auch in physischen Beschwerden aus. Oft klagen Migranten über diffuse Symptome, die sich unterschiedlich diagnostizieren und behandeln lassen. Nicht selten stehen dahinter jedoch psychische Belastungen, mit denen die betroffene Person nicht zurechtkommt. Da die Migranten über persönliche Erlebnisse und Traumata nicht sprechen oder sprechen können, bleibt dem Körper nur der Weg über die Psychosomatik (Loncarevic, 2015, S. 155). Physische Folgen von Folter können Unterernährung, eine mangelnde Hygiene und gesundheitliche Probleme sein (Moser, 2015, S. 529). Des Weiteren klagen Migranten mit Foltererfahrungen oft über diffuse Symptome wie z.B. Magen-Darm-Beschwerden, Krämpfe und Schmerzen (Marschalck, 2000, S. 40). Häufig treten auch Kopfschmerzen,

Depressionen sowie Magen- und Herzschmerzen als Folge von Angst und Anspannung auf (Köttgen, 2000, S. 153).

Probleme in der Schwangerschaft und unter der Geburt sind bei Migranten häufiger vertreten, und auch die Sterberate von Migrantinnen und ihren Kindern ist im Vergleich zur einheimischen Bevölkerung erhöht. Migrantenkinder haben häufiger Unfälle und weisen mehr Ernährungsprobleme auf (Brandrup-Lukanow, 2000, S. 13 - 14). Viele der minderjährigen Flüchtlinge ohne Begleitpersonen haben körperliche Erkrankungen wie z.B. Karies, Atemwegs- und infektiöse oder parasitäre Erkrankungen (Hödl, 2015, S. 158). Migranten weisen überhaupt eine höhere Krankheitsrate auf, wobei diese häufig ihre Ursache in Problemen mit der Wirbelsäule, den Muskeln und dem Bindegewebe hat (Hax-Schoppenhorst & Jünger, 2010, S. 36).

Zum Teil herrschen bei Migranten unzureichende Wohnverhältnisse, die zu Unzufriedenheit führen und ggf. auch krank machen. Darüber hinaus haben Migranten eine höhere Erkrankungsrate, da sie oft schlechteren Arbeitsbedingungen ausgeliefert sind. Die erhöhte Erkrankungsrate führt dann schnell in die Arbeitslosigkeit (Beck, 2000, S. 17). Durch unzureichende Sprachkenntnisse kommt es zu Fehldiagnosen mit der Folge von falschen Behandlungen, wodurch sowohl auf Seite der Patienten als auch der Ärzte Misstrauen entsteht (Beck, 2000, S. 18).

Wie ein Mensch Schmerzen zum Ausdruck bringt und wie jemand Schmerzen bewältigt, ist von seiner kulturellen Prägung abhängig (Hax-Schoppenhorst & Jünger, 2010, S. 47). Chronische Erkrankungen, die zur Pflegebedürftigkeit führen, treten bei Migranten früher auf, zum Teil schon ab dem 50. Lebensjahr (Jordan, 2000, S. 23). Welche weiteren sozialen Auswirkungen eine Migration mit sich bringen kann, wird im nächsten Kapitel erläutert.

4.3   Soziale Folgen

Wenn ein Flüchtling in ein Aufnahmeland kommt, so wird er zunächst in Kollektivunterkünften untergebracht. Diese bieten oft keine Privatsphäre, da sich mehrere Flüchtlinge – teilweise sogar aus verschiedenen Ländern – dort einen Raum teilen müssen. Können sie in Wohnungen vermittelt werden, so sind auch dort die Wohnbedingungen eher primitiv. Häufig leben Familien auf engstem Raum in Wohnungen, die schlecht zu lüften und zu heizen sind. Meist befinden sich diese Wohnungen an Hauptstraßen mit hohem Verkehrsaufkommen und bieten Kindern keinerlei Möglichkeiten, draußen zu spielen (Loncarevic, 2015, S. 151). Flüchtlinge können in Deutschland nicht so schnell ein normales Leben führen, da sie in zugewiesenen Wohnungen leben müssen. Häufig sind diese sehr klein und lange nicht mehr modernisiert worden (Hax-Schoppenhorst & Jünger, 2010, S. 79). Täglich bekommen Flüchtlinge vor Augen geführt, dass sie hier ein geringeres Ansehen haben, und oft spüren sie, dass sie nicht erwünscht sind (Hax-Schoppenhorst & Jünger, 2010, S. 78). Gerade die soziale Situation hat sich in den letzten Jahren für Migranten in den westlichen Aufnahmeländern verschlechtert. So klagen viele über fehlende Achtung und Ausgrenzung durch die Aufnahmegesellschaft. Erschwerend kommt hinzu, dass Migranten häufig schlechtere Chancen auf dem Arbeitsmarkt haben, eine bezahlbare Wohnung schwierig zu finden ist und sie oft nicht den gleichen Zugang zu Bildung haben wie einheimische Bürger (Loncarevic, 2015, S. 146).

Gerade Flüchtlinge und Asylsuchende, die ihr Heimatland aufgrund der Bedrohung des eigenen Lebens verlassen mussten, haben oft schlechte Chancen auf dem Arbeitsmarkt. Außerdem sind sie häufig in Bereichen qualifiziert, die nur in ihrem Heimatland nachgefragt werden, oder sie sind für den Arbeitsmarkt im Aufnahmeland nicht qualifiziert genug. Da Flüchtlinge und Asylsuchende meist traumatische Erfahrungen in ihrem Heimatland und auf der Flucht gemacht haben, sind sie öfter krank oder traumatisiert und damit nicht arbeitsfähig. Aus diesen Gründen rutschen gerade Migranten schnell in die Erwerbslosigkeit (Loncarevic, 2015, S. 151).

Besonders eine Arbeitsstelle im neuen Heimatland sorgt für das Gelingen einer Integration. Durch die Arbeit werden viele Zusammenhänge und Prozesse besser verstanden, und es können Kontakte zu Kollegen geknüpft werden. Mehrfach sind Migranten an ihrem Arbeitsplatz erhöhten Belastungen ausgesetzt. Da Qualifikationen aus ihrem Heimatland häufig nicht anerkannt werden, müssen sie Hilfsarbeiten übernehmen, die oft gesundheitsschädliche Faktoren aufweisen wie beispielsweise hohe Schadstoffbelastungen, extreme Temperaturschwankungen oder auch Lärm und Zeitdruck. Außerdem sind Migranten oft einer Diskriminierung am Arbeitsplatz ausgesetzt. Aufgrund von sprachlichen Problemen haben sie meist geringere Chancen in der Aus- und Weiterbildung sowie bei der Entlohnung und den Aufstiegsmöglichkeiten (Loncarevic, 2015, S. 147). Dies kann zu einer Selbstentwertung der betroffenen Person führen, welche im weiteren Verlauf in eine Depression rutschen kann (Weber, 2000, S. 51 - 52). Da es für allein migrierende Frauen oft keine Arbeitsstellen gibt oder ihre Entlohnung sehr gering ist, werden sie häufig in den Bereich der Prostitution gedrängt (Loncarevic, 2015, S. 150).

Migriert eine Familie in ein westliches Land, so stellt sich bald die Frage, ob die Frau in dem Aufnahmeland einer beruflichen Tätigkeit nachgeht oder ob sie in dem traditionellen Rollenmuster als Hausfrau und Mutter zu Hause bleibt. Gerade wenn die Frau mitbekommt, dass es in dem Aufnahmeland üblich ist, als Frau zu arbeiten, entsteht für die Migrantin ein Rollenkonflikt, der nicht selten zu Problemen in der Ehe führt (Loncarevic,

2015, S. 150). Besonders Frauen, die nur als Begleitung des Mannes in ein anderes Land kommen, sind oft sozial und ökonomisch nicht in die Aufnahmegesellschaft integriert (Brandrup-Lukanow, 2000, S. 16).

Damit einer sozialen Ausgrenzung der Flüchtlinge vorgebeugt wird, muss sichergestellt werden, dass diese Menschen Zugang zu Bildung und zum Arbeitsmarkt bekommen. Darüber hinaus sollte es Begegnungsstellen oder Treffpunkte für kommunikativen Austausch zwischen den geflohenen Menschen und einheimischen Bürgern geben. Diese können auch mit gemeinsamen kulturellen Aktivitäten verbunden werden (Foroutan, 2015, 287). Durch die Trennung von Familie und Freunden gehen oft wertvolle Beziehungen auseinander, und neue Kontakte können im Aufnahmeland nicht so leicht geknüpft werden. Dadurch kann es zur Isolierung der betreffenden Person kommen, in deren Folge eine Identitätskriese entstehen kann (Weber, 2000, S. 51). Gerade Minderjährige, die allein geflohen sind, leiden oft unter sozialer Isolierung und Diskriminierung (Hödl, 2015, S. 158).

Durch eine mangelnde Integration in die Aufnahmegesellschaft weisen Migrantenkinder bereits im Grundschulalter oft fehlende soziale Fähigkeiten auf, was häufig die Versetzung an eine Sonderschule zur Folge hat. Diese wird von den Eltern der Kinder häufig als Kränkung erlebt (Weber, 2000, S. 54). Viele der Migrantenkinder, auch der nächsten Generationen, erreichen keinen Schulabschluss (Hax-Schoppenhorst & Jünger, 2010, S. 66).

Für die Migranten gilt es, viele Verluste zu verarbeiten. Sie mussten ihre Heimat verlassen, sich von Familienmitgliedern und Freunden trennen, haben ihren sozialen Status und das Grundvertrauen verloren (Moser, 2015, S. 534). Durch das Zurücklassen von Familienangehörigen und das Getrennt-Sein von Freunden wächst die Bedeutung der Familie im Aufnahmeland (Moser, 2015, S. 532). Aufgrund der neuen Medien wie Internet oder Handy lässt sich für Migranten relativ gut Kontakt in die Heimat halten, wodurch die Integration in die Aufnahmegesellschaft erschwert wird oder teilweise auch gar nicht stattfinden kann (Wyes, 2000, S. 46). Opfer von Folter ziehen sich zum Teil völlig aus der Gesellschaft zurück, da sie misstrauisch sind gegenüber anderen Menschen. Ein weiterer Grund für den sozialen Rückzug liegt in den Flashbacks, die die Opfer die traumatischen Erfahrungen immer wieder erleben lassen. Flashbacks können zum Beispiel durch Geräusche und Gerüche hervorgerufen werden, die an die traumatische Erfahrung erinnern. Während eines Flashbacks weist die betroffene Person dieselben Symptome auf wie in der real erlebten Situation (Moser, 2015, S. 533, 535 - 536). Viele Opfer erleben Ausgrenzung durch die einheimische Gesellschaft auf Grund einer verlorenen Ehre und Reinheit in Folge von sexueller Folter (Moser, 2015, S. 528).

Seit jeher migrieren Menschen aus verschiedenen Gründen in ein anderes Land, und genau so lange werden die Zuwanderer bei der Gesundheitsversorgung benachteiligt. Ein großes Problem ist die Verständigung zwischen Arzt und Patient, da es auf beiden Seiten an Kenntnissen der jeweils anderen Sprache fehlt. Um dieses Problem zu beheben, kann man Dolmetscher einsetzen (Jordan, 2000, S. 20, 22). Derzeit fehlt es noch an qualifizierten Dolmetschern, die über das spezifisch medizinische Wissen verfügen, und an deren Finanzierung (Weber, 2000, S. 50). Soziale Ungerechtigkeit erfahren Asylbewerber immer wieder im Rahmen der gesundheitlichen Versorgung. So steht ihnen nach dem Asylbewerberleistungsgesetz ausschließlich die Behandlung von akuten Erkrankungen zu. Darüber hinaus fehlt es ausländischen Mitbürgern oft an Informationen über die Angebote an gesundheitlichen Leistungen, und auch die sprachliche Barriere verhindert eine Gleichberechtigung (Lettau, 2000, S. 68). Durch mangelnde Information über die Zugangsmöglichkeiten zu Gesundheitsleistungen wird Migranten oft nur eine eingeschränkte medizinische Versorgung zuteil (Brandrup-Lukanow, 2000, S. 14; Hax-Schoppenhorst & Jünger, 2010, S. 41). Ein großes Problem ist, dass einige Migranten aufgrund fehlender Sprachkompetenz und Unsicherheit der Ärzte eine maximale Diagnostik erhalten, andere jedoch unterversorgt bleiben, da beispielsweise einzelne Symptome von Ärzten fälschlicherweise als Heimweh interpretiert werden (Weber, 2000, S. 50).

Oft fehlt es dem medizinischen Personal an kulturellem Wissen, das häufig auch das Erleben von Krankheiten mit beeinflusst. Aufgrund sprachlicher Probleme halten sich Pflegende deutlich weniger in Zimmern von Migranten auf, wodurch denen die Zuwendung des medizinischen Personals größtenteils verwehrt bleibt (Habermann, 2000, S. 77 - 78). Auch bei Präventionsprogrammen sind Migranten oft benachteiligt, da sie über die Maßnahmen nicht informiert werden oder sie die Inhalte aufgrund fehlender Sprachkenntnisse nicht verstehen (Beck, 2000, S. 18; Salman, 2000, S. 93). „Die soziale Integration von Migranten und ihre legale Gleichstellung sind erste Voraussetzungen für die Verbesserung ihrer Gesundheit" (Brandrup-Lukanow, 2000, S. 15). Beck (2000, S. 17) ist der Meinung, dass der gleichberechtigte Zugang zu den Gesundheitsleistungen für Migranten selbstverständlich sein sollte.

Kommunikationsprobleme, rechtliche Regelungen und fehlendes kulturelles Wissen verhindern für Migranten eine gleichberechtigte gesundheitliche Versorgung. Darüber hinaus werden Migranten bei den speziellen Bedürfnissen in der gesundheitlichen Versorgung nicht berücksichtigt, obwohl ihr Bevölkerungsanteil relativ hoch ist (Crieger & Geiger, 2000, S. 81). Viele sind im Schichtdienst tätig und erleben durch die Trennung von Freunden und der Familie eine Entwurzelung. Darüber hinaus stehen sie ständig unter dem

Stress, sich mit der neuen Kultur zu konfrontieren, und sie müssen ihre Ernährungsge-wohnheiten an die der Aufnahmegesellschaft anpassen (Weber, 2000, S. 49 - 50).

Welche Faktoren trotzdem dazu führen können, dass Migranten eine gute gesundheitliche Kondition haben, wird im nächsten Kapitel nach den Inhalten der Konzeptentwicklung beschrieben.

5 Theoretische Grundlagen

Im Rahmen dieses Kapitels werden die theoretischen Grundlagen aufgezeigt, die die Autorin in die Konzeptentwicklung für die ehrenamtlichen Helfer im sechsten Kapitel der vorliegenden Studie einfließen lässt. Zunächst wird der Begriff Konzept definiert, und der Vorgang einer Konzeptentwicklung wird genau beschrieben. Anschließend folgen Ausführungen zu dem Modell der Salutogenese von Aaron Antonovsky. Dieses erklärt, wie Menschen trotz starker psychischer und physischer Belastungen, wie sie Flüchtlinge erleben, eine gute Gesundheit erlangen. Es schließt sich das Konzept der transkulturellen Kompetenz an mit Erläuterungen zu kulturellen Spezifika, wie es die ehrenamtlichen Helfer im Rahmen der Flüchtlingshilfe benötigen. Am Ende des Kapitels verknüpft die Autorin das Modell der Salutogenese mit dem Konzept der transkulturellen Kompetenz und bezieht es auf die ehrenamtlichen Helfer in der Flüchtlingsarbeit.

5.1 Konzept und Konzeptentwicklung

Das Wort „Konzept" stammt von dem lateinischen Wort „concipere" ab, welches „zusammenfassen" bedeutet. Im heutigen Sprachgebrauch versteht man unter Konzept einen Entwurf mit klaren Vorgaben für ein Vorhaben (Meyers Lexikonredaktion, 1999, S. 144). Graf und Spengler (2000, S. 15) betonen, dass ein Konzept Maßnahmen für neue Projekte benennt, beispielsweise für Organisationen, die sich weiter entwickeln möchten, oder auch für Initiativgruppen, die sich bilden, um ein neues Vorhaben umzusetzen.

Unter der Konzeptentwicklung versteht man den Prozess, ein neues Konzept zu entwickeln. Dazu müssen die Entwickler in der Lage sein, die benötigten Ressourcen selbst aufzubringen, oder wissen, wie sie diese mit Hilfe anderer Personen beschaffen können. Zu den Ressourcen zählen z.B. notwendige Informationen oder auch die Fertigkeit, diese zu beschaffen, und ggf. finanzielle Mittel. Während der Konzeptentwicklung erweitern die Entwickler ihre persönlichen Fähigkeiten (Graf & Spengler, 2000, S. 17).

Im Rahmen der vorliegenden Studie wird das Konzept für die Anwendung im sozialen Bereich genauer vorgestellt. Soziale Unternehmen oder Einrichtungen arbeiten nicht profitorientiert, was bedeutet, dass sie nicht gewinnbringend arbeiten. Vielmehr geht es darum, öffentliche Bedarfe zu decken oder soziale Problemlagen zu bearbeiten. Da Kunden dieser Einrichtungen sich finanziell oft schlechter stehen, werden die Dienstleistungen meist aus öffentlichen Mitteln finanziert. Bei sozialen Einrichtungen muss die Effektivität an den Leistungsabnehmern und deren Wirkung auf die Gesellschaft ermittelt werden (Graf & Spengler, 2000, S. 17 - 18).

Zu Beginn der Konzepterstellung sollten klare Ziele formuliert werden, die hinterher auch überprüft werden können (Graf & Spengler, 2000, S. 40). Eine Konzeptentwicklung verläuft immer entlang der vier Phasen:

1. Die Vorbereitung

Im Rahmen dieses Prozessschrittes müssen Genehmigungen über die anstehende Konzeptentwicklung eingeholt werden. Außerdem müssen konkrete Personen benannt werden, die dieser Projektgruppe angehören und die am besten selber ein großes Interesse an der Konzeptentwicklung haben. Als erstes sollten der Sinn und Zweck der Konzeptentwicklung festgelegt und ein möglichst konkreter Projektplan erstellt werden. Dieser muss angeben, was bis zu welchen Zeitpunkt erreicht sein soll (Graf & Spengler, 2000, S. 65 - 66).

2. Die Entwicklung

Sie verläuft immer entlang der drei Schritte:

2.1 Eine Ist-Analyse durchführen

2.2 Eine Soll-Vorstellung beschreiben und

2.3 Die Beschreibung eines Weges, wie das Ziel erreicht werden kann (Graf & Spengler, 2000, S. 63).

Während der Ist-Analyse werden zunächst alle relevanten Informationen gesammelt. Die Ist-Analyse beschreibt die aktuelle Situation, mit der der Konzeptentwickler unzufrieden ist und weshalb er sie verändern möchte. Im Folgenden werden die Ziele, die erreicht werden sollen, festgelegt. Diese beschreiben die Wunschvorstellung, wie die Situation nach der Veränderung sein soll. Im letzten Schritt werden dann konkrete Maßnahmen und Mittel geplant, an Hand derer das Vorhaben umgesetzt werden kann (Graf & Spengler, 2000, S. 60).

3. Die konkrete Umsetzung der zuvor geplanten Maßnahmen

4. Die stetige Überprüfung und Weiterentwicklung der geplanten und umgesetzten Maßnahmen (Graf & Spengler, 2000, S. 63).

Die bei der Konzeptentwicklung zu bearbeitenden Fragen sind immer „[f]ür wen? soll was? […] wie […] angeboten werden[?]" (Graf & Spengler, 2000, S. 96). Dazu ist es nötig, die vorgegebenen Rahmenbedingungen zu erheben. Beispielsweise wo das Ganze stattfinden soll, was wird gewünscht, welche Genehmigungen und Einverständnisse sind vonnöten, wer ist beteiligt, was darf das Vorhaben kosten, und gibt es gesetzliche Vorgaben, die zu beachten sind. Als nächstes sollte die Zielgruppe so genau wie möglich beschrieben werden. Für wen ist das Konzept, und wen schließt es aus? Daraus resultieren dann die konkreten Inhalte des Konzeptes, also welche Angebote gemacht und abgedeckt werden. Außerdem sind organisatorische Voraussetzungen zu planen, wie beispielsweise in welchem Zeitrahmen Veranstaltungen stattfinden, wo diese stattfinden und wer was anbietet (Graf & Spengler, 2000, S. 96 - 97).

Oft wird ein Konzept in sozialen Bereichen benötigt, um Sponsoren und Förderer für die Idee zu gewinnen und die Finanzierung zu gewährleisten (Graf & Spengler, 2000, S. 108).

Um die einzelnen Maßnahmen zur Umsetzung des Konzeptes konkret planen zu können, sollte man die nachfolgenden drei Stufen durchlaufen:

„1. Entwicklung eines Grundkonzeptes

2. Informationssammlung

3. Feinplanung/ Endformulierung" (Graf & Spengler, 2000, S. 114).

Während der ersten Stufe wird ein Grundkonzept entwickelt, das sich in die Realität umsetzen lässt. Dieses legt schon Ziele fest und gibt dem Konzept eine Grundstruktur. Des Weiteren sollte bereits am Ende dieser Phase feststehen, was genau geplant ist, wozu es dient und für welche Zielgruppe dieses Vorhaben sein soll. Fehlen dem Konzeptentwickler am Ende dieser Phase noch Informationen, so sollte er festlegen, wie und wo er diese bekommen kann (Graf & Spengler, 2000, S. 114 - 115).

In der zweiten Stufe, der Informationssammlung, werden Informationen über die Finanzierung, die rechtlichen Grundlagen sowie über die spätere Zielgruppe gesammelt. Die gewonnen Informationen müssen für eine spätere Verwendung gut dokumentiert werden (Graf & Spengler, 2000, S. 116).

Auf der dritten Stufe, der Feinplanung und Endformulierung, gilt es, die endgültige Struktur des Konzeptes festzulegen. Außerdem müssen die einzelnen Inhalte so aufeinander abgestimmt werden, dass alle Inhalte untereinander stimmig sind. Zum Schluss wird die Endformulierung angefertigt, und ggf. werden Zuschussanträge erstellt (Graf & Spengler, 2000, S. 116).

5.2 Bewältigungsstrategien bei psychischer und physischer Belastung am Modell der Salutogenese von Aaron Antonovsky

Nachfolgend wird das Modell der Salutogenese von Aaron Antonovsky erläutert, um zu erklären, warum viele der Flüchtlinge so eine gute gesundheitliche Kondition haben, obwohl sie in Syrien und auf der Flucht oft furchtbare Dinge erlebt haben. Als erstes wird der Entstehungshintergrund beschrieben, und es werden grundlegende Elemente des

Modells erklärt. Im Folgenden werden das Kohärenzgefühl und die drei zentralen Komponenten des Modells der Salutogenese aufgezeigt. Anschließend werden die Widerstandsressourcen und der Umgang mit Stressoren vorgestellt.

5.2.1 Entstehung und Grundlagen der Salutogenese

Aaron Antonovsky entwickelte das Modell der Salutogenese in den 1970er Jahren. Das Modell möchte Menschen dazu befähigen, aktiv an ihrer Gesunderhaltung mitzuwirken (Poser, 2014, S. A-5 - A-6). Dabei geht Antonovsky der Frage nach, was Menschen gesund erhält (Maoz, 1998, S. 16). Das Wort „Salutogenese" stammt zum einen von dem lateinischen Wort „Salus" ab, welches so viel bedeutet wie: „Unverletztheit, Heil, Glück" (Bengel, Strittmatter & Willmann, 2001, S. 24). Der zweite Wortteil kommt aus dem Griechischen, von dem Wort „Genese", das übersetzt „Entstehung" heißt (Bengel et al., 2001, S. 24).

Die Mediziner gingen bis in die 1970er Jahre von einem dichotomen Gesundheitsverständnis aus, in dem Menschen entweder gesund oder krank waren. In Antonovskys Modell der Salutogenese entwickelte er ein Gesundheits-Krankheits-Kontinuum, auf dem sich der Mensch stetig zwischen den beiden Polen „Gesund" und „Krank" hin und her bewegt (Poser, 2014, S. A-7).

Dabei werden die beiden Pole des Kontinuums nie ganz erreicht, da jeder Mensch, auch wenn er gesund ist, kranke Anteile in sich trägt und umgekehrt. Das Modell der Salutogenese geht der Frage nach, an welcher Stelle des Kontinuums ein Individuum steht und welche Distanz zwischen ihm und dem Pol „Gesund" liegt. Dabei wird die Position des Menschen auf dem Gesundheits-Krankheits-Kontinuum maßgeblich von seinem Wohlbefinden beeinflusst. Zusätzlich wirken sich auch Stressoren auf die Position des Individuums aus (Poser, 2014, S. A-10 - A-11). Erst die aktive Anpassung eines Menschen an seine Lebenswelt, die verschiedene Stressoren beinhaltet, wird als Salutogenese bezeichnet (Sack & Lamprecht, 1998, S. 327). Von besonderer Bedeutung ist das Kohärenzgefühl, welche im Folgenden erläutert wird.

5.2.2 Das Kohärenzgefühl

Es müssen persönliche Einflussfaktoren in Betracht gezogen werden, die das Individuum vor einem Erkranken schützen, um der Frage nachzugehen, was Menschen gesund hält. Diese persönlichen Einflussfaktoren zur individuellen Gesunderhaltung bezeichnet Antonovsky als das Kohärenzgefühl (Poser, 2014, S. A-7). Dieses entwickelt sich im ersten

Lebensjahrzehnt und lässt sich bis zum 30sten Lebensjahr noch beeinflussen, danach bleibt es weitestgehend stabil (Bengel et al., 2001, S. 30 - 31). Mit zunehmendem Alter sind nur noch kleinere Veränderungen in jede der beiden Richtungen möglich (Sack & Lamprecht, 1998, S. 327 - 328). „Kohärenz" bedeutet „Zusammenhang" oder auch „Stimmigkeit" (Bengel et al., 2001, S. 28).

Aaron Antonovsky definierte das Kohärenzgefühl (sense of Coherence) als

> [...] eine allgemeine Einstellung, die das Ausmaß eines umfassenden, dauerhaften, zugleich aber dynamischen Vertrauens beschreibt, daß [sic!] die innere und äußere Umwelt vorhersagbar und überschaubar ist und daß [sic!] sich die Dinge so gut entwickeln werden, wie vernünftigerweise erwartet werden kann. (Antonovsky, 1987, zit. nach Sack & Lamprecht, 1998, S. 326).

An welcher Position des Gesundheits-Krankheits-Kontinuums sich ein Mensch befindet, entscheidet sich je nach dem, wie stark das Kohärenzgefühl ausgeprägt ist (Antonovsky, 1997, S. 33). Das Kohärenzgefühl ist stärker ausgeprägt, wenn ein Individuum sehr flexibel auf eine neue Situation reagiert (Antonovsky, 1997, S. 184). Von der Ausprägung des Kohärenzgefühls hängt auch die individuelle Bewertung und Bewältigung von äußeren Umwelteinflüssen auf die Person ab (Poser, 2014, S. A-11). Bei der kognitiven Entscheidung, ob eine von außen kommende Anforderung als Stressor oder Nicht-Stressor eingestuft wird, wirkt das Kohärenzgefühl mit und sorgt anschließend für die Aktivierung von Widerstandsressourcen. Diese beeinflussen das Gesundheitsverhalten, indem sie Spannungszustände abbauen (Bengel et al., 2001, S. 37).

Da sich das Kohärenzgefühl immer wieder an neue Situationen und Bedingungen anpassen kann, wird es als dynamisch bezeichnet (Bengel et al., 2001, S. 29). Personen mit einer festen Identität haben ein stark ausgeprägtes Kohärenzgefühl (Antonovsky, 1997, S. 42). Dieses ist abhängig von der individuellen Grundeinstellung zum Umgang mit unvorhersehbaren oder negativen Erlebnissen. Wenn das Individuum weiß, dass es eine Anforderung bewältigen kann, beeinflusst es das Kohärenzgefühl positiv. Die innere Einstellung zum Umgang mit Umwelteinflüssen ist in der Persönlichkeit verankert und über eine längere Zeit stabil (Sack & Lamprecht, 1998, S. 326). Das Kohärenzgefühl macht daher eine Aussage darüber, wie gut äußere Anforderungen für ein Individuum vorhersehbar und bewältigbar sind. Zusätzlich gibt das Kohärenzgefühl Aufschluss darüber, wie sinnvoll ein Mensch sein Leben erachtet (Antonovsky, 1997, S. 36).

Das Kohärenzgefühl ist umso höher, je besser das Individuum seine Umwelt versteht und seine Möglichkeiten sieht, aktiv Einfluss auf sein Leben auszuüben. Besitzt ein Mensch eine große Zahl an Widerstandsressourcen, die er in Krisensituationen freisetzen kann, so spricht dieses für ein stark ausgeprägtes Kohärenzgefühl (Poser, 2014, S. A-10).

Das Kohärenzgefühl kann ebenfalls auf einem Kontinuum betrachtet werden. Befindet sich eine Person näher am Pol des stark ausgeprägten Kohärenzgefühls, so macht sie eher Erfahrungen, die sich stärkend auf das Kohärenzgefühl auswirken (Antonovsky, 1997, S. 44). Wenn in den individuell wichtigen Bereichen vieles als handhabbar, verstehbar und bedeutsam erlebt wird, folgt daraus eine Stärkung des Kohärenzgefühls (Antonovsky, 1997, S. 39). Es wird durch die folgenden Lebenserfahrungen ausgebildet:

- Eine Welt, die Gesetzmäßigkeiten aufweist und in sich stimmig ist, so dass der Mensch die Welt verstehen kann. Das Individuum erlebt die Welt als verstehbar (Brucks, 1998, S. 28 - 29).

- Die Aufgaben des Lebens sind zu bewältigen durch einen Wechsel von Phasen der Arbeit und Ruhe. Dadurch entwickelt sich ein Gefühl der „Handhabbarkeit" (Brucks, 1998, S. 28 - 29).

- Ein Gefühl der „Bedeutsamkeit" kann sich bilden, wenn das Individuum wahrnimmt, dass es durch sein eigenes Engagement die Möglichkeit hat, gesellschaftliche Entwicklungen mit zu gestalten (Brucks, 1998, S. 28 - 29).

Diese drei zentralen Komponenten werden im nächsten Kapitel genauer betrachtet.

5.2.3 Die zentralen Komponenten Verstehbarkeit, Handhabbarkeit und Bedeutsamkeit

Aus den drei Komponenten „Verstehbarkeit, Handhabbarkeit und Bedeutsamkeit" bildet sich das Kohärenzgefühl, wobei sich die einzelnen Komponenten gegenseitig beeinflussen, jedoch voneinander abzugrenzen sind (Poser, 2014, S. A-8 - A-9).

Die Komponente der Verstehbarkeit (Comprehensibility) gibt Auskunft darüber, wie gut äußere Einflüsse als strukturiert und berechenbar wahrgenommen werden. Auch wenn Dinge unvorhersehbar eintreten, so versucht das Individuum, einen Zusammenhang zu sehen und diesen zu erklären (Antonovsky, 1997, S. 34). Spätestens im Nachhinein lassen sich unvorhersehbare Lebensereignisse in den Kontext einordnen (Sack & Lamprecht, 1998, S. 326).

Die nächste Komponente der Handhabbarkeit (Manageability) gibt Aufschluss darüber, wie gut ein Mensch seine eigenen Fähigkeiten einschätzt, um unvorhersehbaren Lebensereignissen entsprechende Bewältigungsstrategien entgegen zu setzen, um diese aushalten zu können. Während Individuen mit einem stark ausgeprägten Kohärenzgefühl unvorhersehbare Lebensereignisse als Herausforderungen betrachten, denen man sich stellen muss, erleben Personen mit einem schwach ausgebildeten Kohärenzgefühl diese Ereignisse als Schicksalsschläge (Antonovsky, 1997, S. 35). Individuen mit einem hohen Kohärenzgefühl haben das Vertrauen in ihre eigenen Fähigkeiten, dass sie entsprechende Bewältigungsstrategien besitzen und diese gezielt einsetzen können, um der Herausforderung stand zu halten (Sack & Lamprecht, 1998, S. 326). Dabei können diese Ressourcen dem Glauben entspringen, in der eigenen Person oder im Freundes- und Bekanntenkreis liegen (Bengel et al., 2001, S. 29).

Die letzte Komponente wird Bedeutsamkeit oder auch Sinnhaftigkeit (Meaningfulness) genannt. Sie gibt an, wie stark ausgeprägt der Lebenswille eines Individuums ist, da es emotionale Ereignisse erlebt, die ihm wichtig sind und für die es sich lohnt zu leben und sich anzustrengen. Die Komponente der Bedeutsamkeit macht eine Aussage darüber, wie sinnvoll ein Mensch sein Leben erachtet (Bengel et al., 2001, S. 30). Personen, bei denen die Sinnhaftigkeit stark ausgeprägt ist, sind überzeugt davon, dass die Lebensaufgaben sinnvoll sind und es sich lohnt, dafür persönliches Engagement einzubringen (Sack & Lamprecht, 1998, S. 326). Da ohne die Komponente der Bedeutsamkeit die anderen Komponenten der Verstehbarkeit und der Handhabbarkeit nicht entstehen könnten, ist sie die wichtigste (Antonovsky, 1997, S. 38). Auch für die persönliche Motivation ist die Komponente der Bedeutsamkeit wichtig (Antonovsky, 1997, S. 35 - 36). Darüber hinaus spielen noch die Widerstandsressourcen eines Menschen und sein Umgang mit Stressoren eine entscheidende Rolle. Diese werden im nächsten Kapitel beschrieben.

5.2.4 Widerstandsressourcen und der Umgang mit Stressoren

Bewältigungsstrategien, mit denen ein Individuum auf einen Stressor reagiert, werden als Coping-Strategien bezeichnet (Poser, 2014, S. A-13). Menschen sind zu immer wiederkehrendem Coping aufgefordert, da die ganze Welt voller Stressoren ist, die stetig in unser Leben treten (Antonovsky, 1997, S. 137). Antonovsky beschreibt, dass nicht jedes Problem gelöst werden kann und dass es nicht immer eine vollständige Coping-Strategie gibt. Er zeigt jedoch, dass Menschen mit einem stark ausgeprägten Kohärenzgefühl ihr Leben besser bewältigen (Antonovsky, 1997, S. 138).

Interne und externe Herausforderungen, die an eine Person gestellt werden und die diese nur durch Widerstandsressourcen überwinden kann, werden als Stressoren bezeichnet. Sobald der Mensch mit einer neuen Herausforderung konfrontiert wird, entstehen in ihm Spannungszustände, die nur durch Widerstandressourcen abgebaut werden können. Abhängig von dem individuell ausgebildeten Kohärenzgefühl werden Stressoren von jedem Menschen unterschiedlich bewertet (Poser, 2014, S. A-11 - A-12).

Das Fehlen oder das nur geringe Vorhandensein von generalisierten Widerstandsressourcen (z.b. genetische Faktoren oder die Fähigkeit, mit Niederlagen umzugehen) wird als Stressor oder auch als generalisiertes Widerstandsdefizit (z.B. ein niedriger sozialer Status oder das Fehlen von familiärer Unterstützung) bezeichnet (Bengel et al., 2001, S. 34). Poser beschreibt dies als fehlende Bewältigungsstrategie (Poser, 2014, S. A-11).

Als generalisierte Widerstandsressourcen bezeichnet man die Fähigkeit einer Person, mit Widerständen um zu gehen. Widerstandsressourcen sind situationsübergreifend wirksam und beeinflussen die Lebenserfahrungen sowohl positiv als auch negativ. Macht ein Individuum positive Erfahrungen, so führt dies zu einer Steigerung des Kohärenzgefühls und sorgt gleichzeitig für den Abbau von Spannungszuständen (Bengel et al., 2001, S. 34). Durch das erfolgreiche Bewältigen einer Lebensanforderung entstehen neue Widerstandsressourcen, welche zur Gesunderhaltung einer Person beitragen. Ist das Individuum jedoch nicht in der Lage, eine Anforderung zu bewältigen, so entsteht Stress, welcher zu einer erhöhten Krankheitsneigung führt (Bengel et al., 2001, S. 36). Widerstandsressourcen sind also von einer Person abhängige Fähigkeiten, mit potenziell krankmachenden Faktoren zurecht zu kommen (Sack & Lamprecht, 1998, S. 326).

Das Fehlen von Widerstandsressourcen kann zu einem Stressor werden, der wie alle anderen Stressoren in der Person Spannung erzeugt (Antonovsky, 1997, S. 43). Nur der Abbau von Spannungszuständen verbessert die Gesundheit des Individuums. Können Spannungszustände nicht abgebaut werden, so entsteht Stress, der zu einer erhöhten Krankheitsneigung führt (Bengel et al., 2001, S. 33).

Nicht jeder Stress wird als negativ empfunden, da jeder Mensch in sich Ressourcen hat, die er dem Stress entgegensetzen kann. Der Mensch muss sich mit den Informationen auseinander setzen, die ihn permanent umgeben. Bereits bekannte Informationen kann er direkt aufnehmen, während er sich mit unbekannten aktiv auseinandersetzen muss. Dabei lösen Informationen, die nicht als handhabbar angesehen werden, Stress aus. Als Distress wird dieser bezeichnet, wenn er als eine Bedrohung wahrgenommen wird. Hält Distress über einen längeren Zeitraum an, so kann er Menschen krank machen (Maoz, 1998, S. 18).

Jede neue Anforderung, mit der ein Mensch konfrontiert wird, wird zunächst vom Gehirn bewertet. Diese bezeichnet Antonovsky als primäre Bewertung-I. Im Gehirn wird entschieden, ob diese Anforderung als Stressor oder Nicht-Stressor zu werten ist. Wird die Anforderung als Stressor gewertet, so entstehen Spannungszustände im Individuum. Ob eine Herausforderung als Nicht-Stressor bewertet wird, hängt von der Ausprägung des Kohärenzgefühls ab. Wenn die Person in der Vergangenheit gelernt hat, dass sie neue Anforderungen gut bewältigen kann, vertraut sie darauf, auch die aktuelle Herausforderung zu bewältigen. Das Individuum hat dann ein stark ausgeprägtes Kohärenzgefühl (Antonovsky, 1997, S. 125 - 126).

Bewertet das Gehirn im Rahmen der primären Bewertung-I einen Reiz als Stressor, so folgt eine primäre Bewertung-II. Bei dieser Bewertung wird der Stressor als bedrohlich, günstig oder irrelevant eingestuft. Antonovsky spricht von einem günstigen oder irrelevanten Stressor, wenn der Reiz für die betroffene Person wenig Folgen hat oder nur das Aktivieren einer geringen Anzahl an Ressourcen erfordert. Sollte das der Fall sein, so wird der Stressor zu einem Nicht-Stressor umgewandelt, und die Spannung baut sich langsam ab (Antonovsky, 1997, S. 126).

Emotionen werden durch Stressoren bei der primären Bewertung-III ausgelöst. Während Menschen mit einem stark ausgeprägten Kohärenzgefühl so ihre Handlungsfähigkeit bilden, entsteht bei Personen mit schwach ausgebildetem Kohärenzgefühl Handlungsunfähigkeit (Poser, 2014, S. A-12 - A-13). Diese Menschen erleben ein Chaos, welches sie nicht geordnet bekommen. Oft sind sie durch ihre starken Emotionen nicht mehr dazu fähig, geeignete Bewältigungsstrategien zu entwickeln (Antonovsky, 1997, S. 132).

Während Menschen mit einem niedrigen Kohärenzgefühl im Rahmen der sekundären Bewertung ihre gesamten Kräfte einsetzen müssen, um ihre Emotionen unter Kontrolle zu halten, und dadurch keine passenden Bewältigungsstrategien bilden können, entwickeln Individuen mit einem stark ausgeprägten Kohärenzgefühl dem Stressor entsprechende Bewältigungsstrategien (Poser, 2014, S. A-13).

Das Ergebnis der Coping-Strategien bezeichnet Antonovsky als tertiäre Bewertung. Im Anschluss an ein unerwartetes Lebensereignis kann das Individuum bewerten, ob es eine Niederlage oder einen Erfolg verzeichnen kann. Menschen, die ein stark ausgeprägtes Kohärenzgefühl haben, fordern oft eine Rückmeldung über die gewählten Bewältigungsstrategien von ihren Mitmenschen ein. Personen, deren Kohärenzgefühl niedrig ist, ignorieren ein Feedback von außen, auch wenn sie Verbesserungsvorschläge aufgezeigt bekommen (Antonovsky, 1997, S. 137).

Tritt ein Stressor auf, so wird sich die betreffende Person zunächst darüber bewusst, welche Coping-Strategien ihr zur Verfügung stehen, um auf den aktuellen Stressor zu reagieren. Anschließend wählt sie aus ihrer Vielzahl von bereits erworbenen generalisierten Widerstandsressourcen die für die aktuelle Situation geeignetste Kombination an Widerstandsressourcen aus. Menschen mit einem stark ausgeprägten Kohärenzgefühl betrachten Stressoren eher als eine Herausforderung, da sie ihre Widerstandsressourcen durch ein hohes Bedeutsamkeitsgefühl besser aktivieren können. Dabei muss zunächst einmal die Bedeutung der Herausforderung bewusst gemacht werden, die sich auf die Komponente Verstehbarkeit bezieht (Antonovsky, 1997, S. 130 - 132).

Antonovsky unterteilt die „chronischen Stressoren" in länger andauernde Ereignisse, wichtige Lebensereignisse und akute tägliche Widrigkeiten. Länger andauernde Ereignisse sind Erlebnisse, die das Leben einer Person prägen. Unter wichtigen Lebensereignissen versteht Antonovsky z.B. den Verlust eines Angehörigen oder die Geburt eines Kindes. Ob ein solches Lebensereignis sich auf das Individuum positiv oder negativ auswirkt, hängt maßgeblich von seinem Kohärenzgefühl ab. Zu den akuten täglichen Widrigkeiten gehören Erlebnisse wie z.B. das Nichtbestehen einer Prüfung oder ein Misserfolg auf der Arbeit. Diese akuten täglichen Widrigkeiten wirken sich normalerweise nur sehr gering auf das Kohärenzgefühl aus (Antonovsky, 1997, S. 44).

Je mehr Widerstandsressourcen ein Individuum hat, umso stärker ist sein Kohärenzgefühl ausgeprägt, und desto seltener ist es krank (Sack & Lamprecht, 1998, S. 327 - 328). Zusätzlich wirken sich gute soziale Kontakte schützend vor Krankheiten aus (Antonovsky, 1997, S. 123). Dazu ist es wichtig, jeden Menschen individuell zu betrachten und ihn mit seiner Umgebung in Beziehung zu setzen (Maoz, 1998, S. 16). Um dies gewährleisten zu können, benötigt man Hintergrundwissen zu der jeweiligen Kultur des anderen Menschen. Deshalb wird im Folgenden das Konzept der transkulturellen Kompetenz erläutert.

5.3 Das Konzept der transkulturellen Kompetenz

Die Transkulturalität sucht Gemeinsamkeiten und Überschneidungen verschiedener Kulturen, also das, was verschiedene Kulturen miteinander verbindet. Sie möchte, dass man das Verbindende sucht und aufeinander zugeht, damit man den Anderen versteht. Transkulturalität entsteht durch die Interaktion von Menschen verschiedener Kulturen, die mit ihrer persönlichen Lebenserfahrung und Lebenswelt zusammen treffen. Wird sie gelebt, so gibt es keine Ausgrenzung anderer Menschen und keinen Rassismus (Domenig, 2015, S. 172 - 174).

Der Begriff transkulturell leitet sich von dem lateinischen Wort „trans" her, welches so viel bedeutet wie „über etwas hinaus" oder „außerhalb von irgendetwas". Transkulturalität beschreibt die Fähigkeit, durch erworbenes Wissen die Eigenheiten verschiedener Kulturen zu kennen und sie als gleichwertig anzuerkennen. Dabei muss es möglich sein, dem

Menschen der anderen Kultur auf Augenhöhe zu begegnen und empathisch miteinander zu kommunizieren (Lenthe, 2016, S. 15 - 16).

Der Begriff „Kultur" ist bis heute nicht eindeutig geklärt, da jeder Mensch diesen Begriff vor dem Hintergrund seiner persönlichen Erfahrungen und des gelernten Werte- und Normensystems definiert. Weil jeder den Begriff mit seiner individuellen Prägung durch die eigene Kultur definiert, ist er nicht kulturübergreifend verständlich (Visser & de Jong, 2002, S. 24 - 25). Kultur hat für die Meisten etwas mit verschiedenen Ländern oder Gruppen zu tun, für die untereinander einheitliche Regeln gelten. Auch ist man sich darin einig, dass Kultur nichts Vererbbares ist, sondern etwas, das erlernt wird (Visser & de Jong, 2002, S. 25).

Als Kultur werden Werte bezeichnet, die ein Mensch gelernt hat und die sich auf sein Denken, Handeln und Entscheiden auswirken (Alexander, Beagle, Butler, Dougherty, Andrews Robards & Velotta, 1992, S. 238). Darüber hinaus prägt die Kultur die individuellen Glaubensvorstellungen und Lebensgewohnheiten eines Menschen. Durch stetiges Wachsen und Weiterentwickeln formt sich eine Kultur immer mehr. Innerhalb einer Kultur herrscht über gewisse Dinge Einigkeit, und gleichzeitig hebt sie sich von anderen Kulturen durch ihre Eigenheiten ab (Lenthe, 2016, S. 22, 24). Einer Gruppe von Menschen, die derselben Kultur angehören, werden ähnliche Wertvorstellungen zugeschrieben, da diese im Laufe des Lebens von Angehörigen so vermittelt werden. Man geht von einer homogenen Wertvorstellung innerhalb einer Kultur aus (Domenig, 2015, S. 167 - 168).

Die Vorgaben von Normen und Werten innerhalb einer Kultur schaffen Orientierung und Sicherheit. Dabei beeinflusst die Kultur nicht nur das Denken und Handeln ihrer Angehörigen, sondern sie wird durch diese ebenfalls beeinflusst und weiterentwickelt (Lenthe, 2016, S. 48). Kultur ist etwas Unbewusstes, das sich jedoch in kleinen Verhaltensmustern widerspiegelt (Visser & de Jong, 2002, S. 26). Werte und Normen führen zu bestimmten Verhaltenscodes, die innerhalb einer Gruppe oder einer Kultur gelten. Wer zu der Gruppe dazugehört, erlernt diese Verhaltenscodes von klein auf. Sie geben den Mitgliedern der Gruppe vor, welches Verhalten angemessen ist und welches nicht. Im Laufe der Zeit können sich die Normen und Werte einer Kultur auch verändern (Visser & de Jong, 2002, S. 30 - 31). Besonders stark wird eine Kultur durch ihre jeweilige Religion bestimmt. Diese gibt Verhaltensregeln sowie Fest- und Feiertage vor (Visser & de Jong, 2002, S. 46).

Werden Menschen einer Kultur mit anderen Werten und Verhaltensweisen konfrontiert, so kommt es zu einem Vergleich zwischen dem Eigenen und dem Fremden. Hierbei wird zunächst nur auf die Unterschiede geachtet, was in der Folge zu einem Kulturschock führen kann. Dieser tritt immer dann auf, wenn Menschen einer Kultur mit einer anderen in Berührung kommen (Visser & de Jong, 2002, S. 51).

Heute gibt es keine scharf abgrenzbaren Kulturen mehr, da es zunehmend zu einer Durchmischung der Kulturen kommt. Dieses wird durch die Globalisierung und durch die größere Reiselust gefördert. Des Weiteren geht man inzwischen davon aus, dass jedes Individuum durch seine persönlichen biografischen Erfahrungen, die soziokulturellen Prägungen und die äußeren Lebensbedingungen sich eine eigene Lebenswelt schafft (Domenig, 2015, S. 169). Auf die transkulturelle Kompetenz wird im nächsten Kapitel eingegangen.

5.3.1 Transkulturelle Kompetenz

Als transkulturelle Kompetenz wird die Fähigkeit bezeichnet, persönliche Lebenswelten in verschiedenen Situationen nachzuvollziehen und entsprechend agieren zu können. Durch Selbstreflexion werden transkulturell kompetenten Menschen individuelle Prägungen und Vorurteile bewusst. Sie können sich in andere Menschen hineinversetzen, sie verstehen und bilden so keine Stereotypen von Menschen verschiedener Kulturen. Die drei Komponenten „Selbstreflexion, Hintergrundwissen und Erfahrungen sowie die narrative Empathie" (Domenig, 2015, S. 174) sind wichtige Voraussetzungen, um transkulturelle Kompetenz zu erwerben und die persönliche Lebenswelt von Migranten zu verstehen. Dazu muss man seine eigene Lebenswelt selbst reflektieren, man braucht Hintergrundwissen und sollte immer wieder transkulturelle Erfahrungen machen. Darüber hinaus sind ein wertschätzender Umgang und ein respektvolles Auftreten gegenüber den Migranten von besonderer Bedeutung. Nur so kann eine gute Beziehung zu dem Migranten aufgebaut werden, und die persönlichen Lebenswelten beider Individuen können in die Interaktion einfließen. Das Hintergrundwissen sensibilisiert das Individuum für den Migranten und seine individuellen Erfahrungen (Domenig, 2015, S. 174).

Durch das Erlangen von theoretischem Hintergrundwissen über die andere Kultur, die Gründe für die Migration sowie Grund- und Menschenrechte werden Vorurteile abgebaut. Hat man Kenntnis über die Lebensbedingungen von Migranten und kennt die integrationsfördernden und -hemmenden Faktoren, so kann man die Lebenswelt des Migranten besser verstehen. Von besonderer Bedeutung ist auch die Kenntnis darüber, dass Migranten nicht dieselben Voraussetzungen für die Inanspruchnahme von Gesundheitsleistungen haben oder wie sich Migration auf die Gesundheit auswirkt. Das Hintergrundwissen über die Kultur ist der wichtigste Schritt in Richtung transkulturelle Kompetenz (Domenig, 2015, S. 176 - 177).

Zur transkulturellen Kompetenz gehört nicht nur ein respektvoller Umgang mit Migranten, sondern auch ein Einsatz gegen Rassismus und Diskriminierung von Migranten (Domenig, 2015, S. 180). Die transkulturelle Kompetenz ist eine überfachliche Kompetenz, die besondere kulturspezifische Unterschiede wahrnimmt, akzeptiert und in der Interaktion mit Menschen verschiedener Kulturen angemessen agieren lässt. Dazu ist eine hohe Selbstreflexionsfähigkeit vonnöten, da Spezifika der eigenen Kultur zunächst bewusst gemacht werden müssen, um ein Bewusstsein für andere Kulturen zu schaffen. Man muss die Spezifika der anderen Kultur wertschätzen und als richtig anerkennen, um einem Menschen mit Migrationshintergrund respektvoll gegenüber zu treten und ihn zu verstehen. Durch die Selbstreflexion kann sich eine Ambiguitätstoleranz entwickeln, so dass es leichter wird, mit unterschiedlichen Wertvorstellungen zwischen der eigenen und der fremden Kultur zurecht zu kommen. So können Vorurteile und Ängste abgebaut werden, gleichzeitig verändern sich auch die persönlichen kulturell bedingten Verhaltensmuster (Lenthe, 2016, S. 167).

Des Weiteren sind Empathie und das Verstehen zentrale Faktoren, die zur transkulturellen Kompetenz gehören. Nur wenn man es schafft, sich in den fremden Menschen hinein zu versetzen, und versucht, ihn zu verstehen, kann man sich als transkulturell kompetent bezeichnen. Dabei muss man auch akzeptieren, dass man nicht alles verstehen, es jedoch respektieren und akzeptieren kann (Lenthe, 2016, S. 168 - 169). Die transkulturelle Kompetenz ist eine Kompetenz, die sich lebenslang entwickelt und durch jede Begegnung mit einem Migranten verändert und weiter festigt. Diese Kompetenz bildet sich mit der ersten Begegnung mit einem Menschen aus einer anderen Kultur. Auf die dort gewonnenen Erfahrungen sollte eine Wissensaneignung über die entsprechende Kultur erfolgen. Durch vereinzelte Kenntnisse über eine Kultur entstehen schnell Vorurteile, deshalb ist die anschließende Wissensaneignung von zentraler Bedeutung. Bedeutende Inhalte der Hintergrundinformationen sind die Religion, das Wertesystem und Verhaltensmuster der anderen Kultur (Lenthe, 2016, S. 173 - 174).

Die individuelle Kommunikationsfähigkeit ist für das Ausbilden der transkulturellen Kompetenz wichtig, da sich diese Kompetenz nur durch den Kontakt zu Migranten bilden kann. Von besonderer Bedeutung ist, dass die Person aufgeschlossen ist und sich trotz bestehender Sprachprobleme nicht scheut, mit dem Migranten ins Gespräch zu kommen. Durch den kommunikativen Austausch können Ängste und Vorurteile abgebaut werden. Gleichzeitig kann sich die Ambiguitätstoleranz weiter ausbilden (Lenthe, 2016, S. 174). Besonders Verhaltensweisen im Rahmen der Kommunikation führen oft zu Missverständnissen zwischen Menschen aus verschiedenen Kulturen. Je weniger man über die Kultur des anderen weiß, umso weniger versteht man das Verhalten und die Reaktionen des

Gegenübers (Visser & de Jong, 2002, S. 166). Erst wenn einem selbst bewusst ist, dass es einen Unterschied zwischen der eigenen Person und dem Anderen gibt, kann man darüber in Kontakt treten und kommunizieren. Auch wenn die verbale Verständigung untereinander auf Grund fehlender Sprachkenntnisse eingeschränkt ist, so lässt sich doch über nonverbale Signale wahrnehmen, was der Andere mag und was nicht (Visser & de Jong, 2002, S. 170 - 171).

In zwischenmenschlichen Beziehungen spielt die Kommunikation eine zentrale Rolle. Dabei unterscheidet man zwischen dem gesprochenen Wort und nonverbalen Signalen, also der Körperhaltung, ob jemand Blickkontakt hält und welche Gebärden er macht (Visser & de Jong, 2002, S. 175). Kommunikation kann auch verbal und nonverbal gleichzeitig ablaufen. Ist eine verbale Kommunikation nicht möglich, muss nonverbal kommuniziert werden. Dabei können die Hände oder auch der ganze Körper der Personen zum Einsatz kommen. Ansonsten gibt es die Möglichkeit, sich über Bilder und Zeichnungen zu verständigen. So kann man ein Badezimmer den Personen zeigen und den Umgang mit Fernsehern demonstrieren. In Bild- und Zeigebüchern sind Bilder und Piktogramme abgebildet, so dass man auf ein entsprechendes Symbol zeigen kann, um sich zu verständigen. Für eine gelungene Kommunikation ist es wichtig, den Migranten anzulächeln und Blickkontakt zu halten. Auch die Zuwendung zur Person und die Sprachmelodie wirken sich positiv auf die Kommunikation aus (Bühlmann & Stauffer, 2015, S. 276 - 277).

Die nonverbale Kommunikation, auch Körpersprache genannt, wird durch die Umwelt, in der man lebt, beeinflusst. Sie ist nicht allgemeingültig, so dass dieselbe Geste in dem einen Land oder Kulturkreis als positiv aufgefasst wird, jedoch in einem anderen negativ besetzt sein kann. Aus diesem Grund ist es wichtig, die jeweils eigene Interpretation der Körpersprache zu kommunizieren und mit der bewussten oder unbewussten Körperhaltung des Gegenübers abzugleichen (Visser & de Jong, 2002, S. 181 - 182). Um eine gelungene Kommunikation zwischen Menschen verschiedener Kulturen führen zu können, ist es wichtig, Wissen über die Kultur, die Werte, Rituale und Praktiken der anderen Kultur zu haben (Visser & de Jong, 2002, S. 187 - 188).

Hauptsächlich wird ein Migrant an seinen mangelnden Deutschkenntnissen erkannt. Beherrscht er hingegen die deutsche Sprache, so wird er oft nicht als Mensch mit besonderen Bedürfnissen wahrgenommen. Je nachdem wie gut ein Migrant die deutsche Sprache beherrscht, schließen wir darauf, wie gut derjenige in Deutschland integriert ist (Domenig, 2015, S. 166). Dies sollte man sich immer bewusst machen, wenn man spezifische Daten von Migranten erhebt. Besonders wichtig ist es im Rahmen der transkulturellen (Pflege-)Anamnese, die im Anschluss dargestellt ist.

5.3.2 Transkulturelle (Pflege-)Anamnese

Um das Gelingen der transkulturellen (Pflege-)Anamnese zu gewährleisten, ist es wichtig, zunächst eine gute Vertrauensbasis zu der Person aufzubauen. Denn nur auf dem Hintergrund einer solchen Vertrauensbasis lassen sich Menschen darauf ein, von ihren Problemen zu berichten. Zum Einstig in das Gespräch eignen sich Alltagsfragen oder auch Fragen über das Herkunftsland des Migranten. Hintergrundwissen aus der Literatur ist für die gesprächsführende Person zwar gut, aber besser ist es, wenn sie mit dem Betroffenen selbst über seine Kultur und seine Lebenswelt spricht. Sollte dem Migranten die Frage zu intim sein, so wird er dieses äußern. Oft ist jedoch das Gegenteil der Fall, und die Migranten freuen sich über das ihnen entgegengebrachte Interesse (Domenig, Stauffer & Georg, 2015, S. 303 - 304).

Bereits vor dem Gespräch sollte sich die gesprächsleitende Person darüber Gedanken machen, welche Schwerpunkte sie in dem Gespräch setzen möchte, was Ziel des Gesprächs sein soll und welche Informationen sie für die weitere Zusammenarbeit mit der Person benötigt. Darüber hinaus muss sich der Gesprächsführer fragen, ob er für das Anamnesegespräch einen Dolmetscher benötigt, ob er Bildmaterial hat, mit dessen Hilfe er sich mit dem Migranten austauschen kann und ob es bereits Informationen durch frühere Gespräche geben könnte. Zu beachten ist, dass Vorurteile und fehlende Informationen zu falschen Rückschlüssen führen können (Domenig et al., 2015, S. 304 - 305).

Im Rahmen der transkulturellen (Pflege-)Anamnese möchte man die individuelle Sichtweise des Migranten erheben. Im Mittelpunkt der Anamnese stehen dabei Informationen über den soziokulturellen und migrationsspezifischen Hintergrund. Ziel ist es, die persönliche Situation des Betroffenen und seine individuellen Ressourcen zu erheben. Die transkulturelle (Pflege-)Anamnese deckt durch weitere Fragen einen größeren Bereich der persönlichen Lebenswelt des Migranten ab. Dadurch eignet sich die transkulturelle (Pflege-)Anamnese auch für einheimische Bürger, um ihre Lebenswelt besser zu verstehen (Domenig et al., 2015, S. 307 - 308).

Bei der transkulturellen (Pflege-)Anamnese steht die Perspektive des Betroffenen mit den individuellen biographischen Lebensereignissen und dem persönlichen Empfinden im Mittelpunkt. Darum herum gliedern sich zentrale Themen wie z.B. die Religion, die Migrationsgeschichte, die Lebensgeschichte, die Wohnumgebung und viele mehr. Zu diesen Themen gibt es dann spezifische Fragen, die der Betroffene beantworten kann. Bei der Religion wird beispielsweise nach der Religionszugehörigkeit gefragt oder wie diese im praktischen Alltag umgesetzt wird. Unter dem Oberpunkt der Migration kann z.B. nach den Gründen für die Migration und der Integrationsgeschichte gefragt werden (Domenig et al., 2015, S. 309).

Nach dem Anamnesegespräch ist es wichtig, dass die gewonnenen Informationen gut strukturiert aufgeschrieben werden. Aus diesen Informationen lassen sich relevante Informationen ableiten, wie z.B. die Ressourcen eines Migranten und mögliche Probleme. Weiterführende Maßnahmen, die sich aus der Anamnese ergeben, sollten immer mit dem Betroffenen abgesprochen werden (Domenig et al., 2015, S. 308).

Wie das Modell des Salutogenese mit dem Konzept der transkulturellen Kompetenz verknüpft und schließlich auf die ehrenamtlichen Helfer in der Flüchtlingsarbeit und die Flüchtlinge selbst übertragen werden kann, ist im Folgenden beschrieben.

5.4 Verknüpfung des Modells der Salutogenese mit dem Konzept der transkulturellen Kompetenz und Übertragung auf die ehrenamtlichen Helfer und die Flüchtlinge

Das Modell der Salutogenese von Aaron Antonovsky geht der Frage nach, was Menschen trotz zum Teil widriger Lebensbedingungen gesund erhält. Aus diesem Grund lässt es sich gut mit dem Konzept der transkulturellen Kompetenz verknüpfen, welches versucht, Menschen im Umgang mit Menschen anderer Kulturen kompetent agieren zu lassen. Dies ist von Bedeutung, da immer mehr Menschen aus Syrien nach Deutschland fliehen. Beide Personengruppen, sowohl die Flüchtlinge als auch die ehrenamtlichen Helfer, bedienen sich einzelner Faktoren der Salutogenese, aber auch der Inhalte des Konzeptes der transkulturellen Kompetenz, um ein gutes Miteinander zu fördern und selbst gesund zu bleiben.

Im Rahmen der Salutogenese spielt das Kohärenzgefühl eine wichtige Rolle, da es Auskunft darüber gibt, wie vorhersehbar und berechenbar ein Individuum seine Umwelt wahrnimmt und wie zuversichtlich eine Person ist, dass sich alles in ihrem Leben gut entwickeln wird. Darüber hinaus macht das Kohärenzgefühl Angaben dazu, wie sehr ein Mensch glaubt, die Welt mit beeinflussen zu können (Sack & Lamprecht, 1998, S. 326). An dieser Stelle greift das Konzept der transkulturellen Kompetenz, wodurch einzelne Personen versuchen, aufeinander zuzugehen, die andere Kultur zu verstehen und Gemeinsamkeiten zu finden, die beide Kulturen miteinander verbinden. Diese Suche nach dem Verbindenden zwischen der syrischen und der deutschen Kultur kann nur gelingen, wenn beide Seiten auf Augenhöhe aufeinander zugehen und das Wagnis der Kommunikation eingehen. Durch eine gemeinsame Interaktion werden Ängste und Vorurteile auf beiden Seiten abgebaut, wodurch der Einzelne sein Kohärenzgefühl stärkt, welches zur Folge hat, dass er nicht so schnell erkrankt.

Bei den Migranten aus Syrien lässt sich generell auf ein stark ausgeprägtes Kohärenzgefühl schließen, da diese Menschen den Mut hatten, ihr Heimatland zu verlassen, die Strapazen einer Flucht auf sich zu nehmen und in einem fremden Land ein neues Leben zu beginnen. Auch bei den Menschen aus Deutschland, die sich auf verschiedene Weise stark in der Flüchtlingsarbeit einbringen, ist von einem hohen Kohärenzgefühl auszugehen. Diese Personen sehen die große Zahl der Flüchtlinge in Deutschland nicht als Bedrohung an, sondern als eine Herausforderung, aktiv an dieser neuen Situation mitzuarbeiten und die Welt im Kleinen ein bisschen besser zu machen. Dadurch wird die Komponente der Bedeutsamkeit aufseiten der Helfer in der Flüchtlingsarbeit gestärkt, was dann auch zu einer Stärkung der Motivation der Helfer führt.

Migranten, die durch die ihnen fremden Lebensformen in Deutschland einen Kulturschock erleiden, können durch die Unterstützung von Helfern ihre Gesundheit fördern, da diese ihnen helfen, mit der neuen Situation zurecht zu kommen. Ihr eigenes neues Leben wird dadurch handhabbar. Zusätzlich wird die Komponente der Handhabbarkeit zum Teil durch den Glauben gestärkt, welcher von der jeweiligen Kultur bestimmt und geprägt ist. Oft praktizieren Migranten ihren Glauben in dem Aufnahmeland wesentlich intensiver als im Heimatland.

Die deutschen Bürger erlebten mit dem großen Andrang syrischer Flüchtlinge viele Stressoren, denen es galt, Widerstandsressourcen entgegen zu setzen, um Spannungszustände abzubauen. Dazu war es wichtig, dass möglichst viele Bürger den Mut hatten, sich mit den fremden Menschen auseinander zu setzen und gleichzeitig die eigene transkulturelle Kompetenz weiter auszubauen. Durch das Einsetzen dieser Widerstandsressourcen in Form von Unterstützung von Flüchtlingen stärken die Helfer ihre eigene Gesundheit. Durch die neu entstandenen sozialen Kontakte zwischen Syrern und Deutschen sind zum Teil Freundschaften entstanden, die wiederum zur Gesunderhaltung beider Parteien beitragen (Antonovsky, 1997, S. 123). Die Ambiguitätstoleranz wird dadurch gestärkt, dass man die Unterschiede der eigenen und der fremden Kultur anerkennt und untereinander auf Augenhöhe kommuniziert. Werden dadurch Stressoren abgebaut, so steigert dies die Gesundheit der Individuen. Transkulturell kompetente Helfer reflektieren ihre eigenen kulturellen Prägungen, machen sich Vorurteile gegenüber Migranten bewusst und versuchen, diese durch den Kontakt zu den Menschen abzubauen. Gelingt dies, wird das Kohärenzgefühl gestärkt und die Person erkrankt nicht so schnell.

Wird eine transkulturelle (Pflege-)Anamnese durchgeführt, so schafft diese Verständnis für die Migranten. Gleichzeitig freuen sich viele Migranten darüber, dass man ihnen Interesse entgegenbringt, wodurch ihre Gesundheit gestärkt wird. Im Mittelpunkt der transkulturellen Anamnese steht der Migrant mit seinen individuellen Erfahrungen und Emotionen. Dadurch kann man herausfinden, welche persönlichen Ressourcen der Mensch nutzt, um seine Gesundheit zu erhalten. Darüber hinaus bieten die Leitfragen der transkulturellen (Pflege-)Anamnese die Möglichkeit, überhaupt einen Einstieg in die Kommunikation mit den Migranten zu bekommen. Dies ist von zentraler Bedeutung für ehrenamtliche Helfer und sollte im Rahmen einer Schulung den Helfern erläutert werden. Einzelheiten dazu sind im nächsten Kapitel dargestellt.

6 Konzeptentwicklung für die Schulung ehrenamtlicher Helfer

Ein großer Teil der geleisteten Arbeit für und mit Flüchtlingen wird von ehrenamtlichen Helfern erbracht. Diese ehrenamtlichen Helfer vertreten alle Altersgruppen von jugendlich bis ins hohe Alter. Der größte Anteil wird von Frauen geleistet, und nicht selten haben die ehrenamtlichen Helfer selbst einen Migrationshintergrund (Foroutan, 2015, S. 284). Ehrenamtliche Helfer möchten nicht nur den Menschen in Not helfen, sondern sie wollen zu einem Wandel der Gesellschaft beitragen (Foroutan, 2015, S. 286).

Im Rahmen dieses Kapitels wird ein Konzept zur Schulung ehrenamtlicher Helfer in der Flüchtlingsarbeit vorgestellt. Die Inhalte dieses Kapitels speisen sich nur zu einem geringen Teil aus bereits vorhandener Literatur, da dieses Thema in der Literatur bis heute kaum aufgegriffen wurde. Ein großer Teil der Inhalte dieses Konzeptes beruht auf den Ergebnissen der Interviews, die die Autorin für diese Studie geführt hat und die sich im Anhang der Studie (Anhang F - J, S. 105 - 133) befinden. Um möglichst viele relevante Perspektiven mit den Interviews abzudecken, befragte die Verfasserin zwei Sozialarbeiter einer Erstaufnahmestelle in Nordrhein-Westfalen (NRW) (Anhang F, S. 105 - 108), eine Person, die Onlineseminare zur Schulung ehrenamtlicher Helfer entwickelt hat (Anhang G, S. 109 - 112), eine Person, die ehrenamtliche Helfer in einer Großstadt von NRW koordiniert (Anhang H, S. 113 - 118), den ehrenamtlichen Leiter eines „Arbeitskreises Asyl" in NRW (Anhang I, S. 119 - 127) und ein Ehepaar, das sich ehrenamtlich als sogenannte „Kümmerer" (Anhang J, S. 128 - 133) um eine Unterkunft und die dort lebenden Flüchtlinge kümmert. Dabei ist zu bedenken, dass die Interviews nicht wörtlich transkribiert wurden, sondern nur die Ergebnisse teilweise stichpunktartig und teilweise ausformuliert festgehalten wurden.

Alle Kommunen, die Länder und der Bund sind sich darüber einig, dass ohne das hohe Engagement der vielen ehrenamtlichen Helfer die aktuellen Flüchtlingszahlen nicht zu bewältigen wären (Löhlein, 2015, S. 297). Genau wie Löhlein es beschreibt, benennt es auch die interviewte Person, die ein Onlineseminar zur Schulung ehrenamtlicher Helfer entwickelt hat. Sie erklärt, dass die aktuell (Mai 2016) sehr hohe neue Flüchtlingszuwanderung anders nicht zu regeln sei. Und sie fährt fort, dass der Bedarf in allen Bereichen so groß sei, dass diese Menge an Arbeit ohne ehrenamtliche Helfer nicht zu leisten sei (Anhang G, S. 111). Der Leiter des „Arbeitskreises Asyl" berichtet ebenfalls von Rückmeldungen vonseiten seiner Kommune, dass es ohne die Ehrenamtler nicht möglich sei, die große Zahl der Flüchtlinge gut zu betreuen (Anhang I, S. 124).

Aus diesem Grund ist es der Verfasserin wichtig, die engagierten ehrenamtlichen Helfer möglichst gut auf die Arbeit mit den Migranten vorzubereiten und sie im Verlauf ihrer Arbeit zu betreuen. Dies schützt sie vor Überforderung und hält die Motivation der ehrenamtlichen Helfer auch in schwierigen Situationen aufrecht. Wie ehrenamtliche Helfer gewonnen werden können, erläutert das folgende Kapitel.

6.1 Kontaktaufnahme zu den ehrenamtlichen Helfern

Um ehrenamtliche Helfer zu rekrutieren, gibt es verschiedene Möglichkeiten. Zum einen kann man potenzielle Helfer per Zeitung, Internet, Online-Börsen und Informationsveranstaltungen um Mitarbeit bitten. Zum anderen kann man versuchen, im Fernsehen oder Radio für das Ehrenamt zu werben. Außerdem kann man an öffentlichen Orten Personen direkt ansprechen und versuchen, sie für die Arbeit zu motivieren (Han-Broich, 2012, S. 204). Darüber hinaus werden viele ehrenamtliche Helfer durch andere (Freunde, Arbeitskollegen, Nachbarn,…) angesprochen, woraus ein eigenes Engagement erwächst. Zusätzlich erfahren die Menschen in unserem Land viel über die Medien von den Versorgungsproblemen der Professionellen im Rahmen der Flüchtlingsarbeit, so dass der Wunsch entstehen kann, sich selbst in diesem Bereich einzubringen. Überdies wecken auch Informationsveranstaltungen und Freiwilligenagenturen die Lust zum ehrenamtlichen Engagement in der Flüchtlingsarbeit (Han-Broich, 2012, S. 81 - 82).

Die von Han-Broich beschriebenen Methoden finden sich auch bei den befragten Interviewpartnern wieder. So beschreibt die Person, die ehrenamtliche Helfer koordiniert, dass sie in der Stadt gezielt für qualifizierte Sprachhelfer Werbung macht, um sie als neue Mitarbeiter zu gewinnen (Anhang H, S. 113). Auch der Leiter des „Arbeitskreises Asyl" bedient sich dieser Methoden. So erzählt er, dass sie bei Bürgerinformationsveranstaltungen – meist einige Wochen vor der erstmaligen Unterbringung von Flüchtlingen in einem Ortsteil – über ihre Arbeit berichten und dabei auch über Aufgaben informieren, die ehrenamtliche Helfer übernehmen können. Dieser „Arbeitskreis Asyl" verfügt sogar über eine Gruppe Ehrenamtlicher, die in verschiedenen Settings, z.B. in Schulen, Frauenvereinen und sonstigen Gruppen, über ihre Arbeit berichten, um auf sich aufmerksam zu machen und neue Mitglieder/Mitarbeiter zu gewinnen. Außerdem wird das monatliche Treffen des Arbeitskreises in der Zeitung angekündigt; es ist für alle Interessierten offen. Darüber hinaus äußert der Leiter des Arbeitskreises, dass sie viele Mitglieder durch Mundpropaganda akquirieren (Anhang I, S. 119 - 120).

Sinnvoll wäre ein Erstgespräch, in dem die persönliche Motivation und Vorstellungen von der Arbeit erfragt werden. Nach dem Gespräch sollte der Organisator die Möglichkeit haben, ungeeignete Personen abweisen zu können. Im Anschluss an das Gespräch sollte in Absprache mit dem Helfer eine für ihn geeignete und interessante Aufgabe gefunden werden (Han-Broich, 2012, S. 204). Diesen Punkt spricht auch die interviewte Person an, die ehrenamtliche Helfer koordiniert. Sie gibt zu bedenken, dass nicht jeder für die Arbeit mit Flüchtlingen geeignet sei (Anhang H, S. 114). Warum sich Menschen ehrenamtlich im Bereich der Flüchtlingsarbeit engagieren, wird nachfolgend erklärt.

6.2 Die Motivation der ehrenamtlichen Helfer

Bei der Motivation der ehrenamtlichen Helfer wird zwischen der extrinsischen und der intrinsischen unterschieden. Extrinsische Motivation bezeichnet eine Motivation, die durch die Umwelt geweckt wird, während intrinsische Motivation durch die eigene innere Einstellung eines Menschen entsteht. Extrinsisch motivierte Personen engagieren sich in der Flüchtlingsarbeit, weil sie etwas Gutes für die Gesellschaft tun wollen. Sie möchten den Flüchtlingen helfen, sich schnell in dem neuen Land zu integrieren und die deutsche Sprache zu lernen. Intrinsisch motivierte Personen sprechen die Betroffenen eher auf ihrer emotionalen Ebene an. Sie geben den Flüchtlingen moralische Unterstützung, begegnen ihnen mit Wertschätzung und Anerkennung (Han-Broich, 2012, S. 83 - 84).

Ein ehrenamtlicher Pate äußert, dass es pures Glück sei, in so einem sicheren Land wie Deutschland zu leben, und dass es jeden von uns auch hätte anders treffen können. Daher rührt seine Motivation, sich um Menschen zu kümmern, die dieses Glück nicht hatten (Volkmann, 2014b, S. 4). Der Leiter des „Arbeitskreises Asyl" beschreibt seine Motivation zum Engagement in der Flüchtlingsarbeit als für ihn wichtige Aufgabe, um den Migranten einen guten Start in der neuen Heimat zu bieten. Außerdem ist er der Meinung, dass nur durch ehrenamtliche Helfer die Integration in die Aufnahmegesellschaft gelingen kann (Anhang I, S. 119, 124).

Auch das Kümmererehepaar fühlt sich durch die Verantwortung für die Integration der Flüchtlinge in die Gesellschaft motiviert, sich in der Flüchtlingsarbeit einzubringen. Sie fürchten, dass durch mangelnde Integration auf Grund fehlender Kontakte die Gewaltbereitschaft steige. Außerdem waren sie der Meinung, dass sie eigene Ängste dadurch abbauen könnten, dass die Fremden dann Bekannte seien. Darüber hinaus nannte das Paar den Wunsch, selber so begleitet zu werden für den Fall, dass sie selbst einmal in eine solche Situation kommen sollten (Anhang J, S. 128, 131 - 132).

Die meisten ehrenamtlichen Helfer bringen Grundvoraussetzungen mit, wie z.B. Offenheit gegenüber anderen Menschen, Empathie, Spaß an zwischenmenschlichen Begegnungen auf Augenhöhe und die Unterstützung durch das eigene soziale Umfeld (Straube, 2016, S. 17). Viele ehrenamtliche Helfer verfügen über eine hohe Sozialkompetenz, ein gutes

Organisationsgeschick; sie sind flexibel, können empathisch auf andere Menschen eingehen und sind oft sehr kommunikativ (Han-Broich, 2012, S. 202).

Dieselben Eigenschaften benennen auch die von der Autorin interviewten Personen. So zählt die Person, die Onlineseminare entwickelt hat, den Wunsch auf, anderen zu helfen. Darüber hinaus hat sie die Erfahrung gemacht, dass diese Personen eine hohe Selbstreflexionsfähigkeit, Offenheit gegenüber Fremden und Toleranz mitbringen (Anhang G, S. 110). Auch die Person, die ehrenamtliche Helfer koordiniert, und der Leiter des „Arbeitskreises Asyl" halten die Offenheit der Ehrenamtler für sehr wichtig (Anhang H, S. 115; Anhang I, S. 121). Die Person, die Helfer koordiniert, und der Leiter des Arbeitskreises benennen noch das Interesse an der Thematik als eine Voraussetzung, die die Helfer mitbringen sollten (Anhang H, S. 115; Anhang I, S. 127). Sowohl der Leiter des „Arbeitskreises Asyl" als auch die „Kümmerer" sprechen eine hohe Sozialkompetenz und eine ebensolche Frustrationstoleranz an (Anhang I, S. 124; Anhang J, S. 130 - 131). Das Kümmererehepaar ist der Meinung, dass Helfer eine gute psychische Kondition, Humor, Kreativität und Flexibilität mitbringen sollten (Anhang J, S. 130 - 131). Viele denken, dass es wichtig sei, möglichst viele Sprachen zu sprechen, um sich mit den Migranten verständigen zu können. Dies hält der Leiter des Arbeitskreises für irrelevant, da die Verständigung auf Deutsch und mit viel nonverbaler Kommunikation vonstatten geht (Anhang I, S. 124). Weitere relevante Informationen, die ehrenamtliche Helfer benötigen, werden im nächsten Kapitel aufgezeigt.

6.3 Welche Informationen benötigen ehrenamtliche Helfer?

Relevante Inhalte zur Vorbereitung auf die Arbeit mit Flüchtlingen sind Informationen zum Ehrenamt, das Hinterfragen der eigenen Motivation für die Tätigkeit (Han-Broich, 2012, S. 202) und Anstöße zum Reflektieren, welche Erwartungen Helfer an sich selbst und an die Migranten stellen. Außerdem sollten individuelle Ängste bewusst gemacht werden (Straube, 2016, S. 17).

Wenn es möglich ist, wäre es gut, wenn man bereits ehrenamtlich Tätige von ihrer Arbeit berichten lässt, so dass die zukünftigen Helfer eine Vorstellung von ihren späteren Aufgaben erhalten. Die ehrenamtlichen Helfer sollen versuchen, sich in die Situation der Flüchtlinge hineinzuversetzen und sich vorstellen, wie es ist, sein Heimatland zu verlassen und in einem anderen Land mit einer eigenen – fremden – Kultur integriert zu werden (Straube, 2016, S. 17).

In der Literatur werden Schulungen zur Methodenkompetenz mit Inhalten zu Gruppenarbeiten oder zum Konfliktmanagement empfohlen (Han-Broich, 2012, S. 202). Darüber hinaus sollen die angehenden Helfer erfahren, wie sich das Leben in einer Erstaufnahmeunterkunft gestaltet und welche professionelle Unterstützung den Flüchtlingen zuteil wird. Im weiteren Verlauf sollen Themen wie der Umgang mit traumatisierten Menschen, rechtliche Grundlagen und die interkulturelle Kompetenz thematisiert werden. Außerdem ist immer die Möglichkeit vorzusehen, eigene Fragen zu stellen (Straube, 2016, S. 17).

Es ist wichtig, dass die Helfer auf den Kontakt mit den Flüchtlingen vorbereitet werden, indem die eigene Kultur kritisch hinterfragt und persönliche Vorurteile bewusst gemacht werden. Außerdem sollten Informationen zu den Herkunftsländern, deren Kultur, den dortigen Lebensgewohnheiten, über die Flucht und Fluchtursachen vermittelt werden (Han-Broich, 2012, S. 206 - 208). Viele ehrenamtliche Helfer sehen das Wissen über die rechtliche Situation der Flüchtlinge als sehr hilfreich an (Han-Broich, 2012, S. 44). Sie müssen beispielsweise den Unterschied zwischen einem Asylsuchenden und einem Flüchtling kennen (Flüchtlinge – Asylbewerber:, in: Unsere Kirche Nr. 43, 2014, S. 5).

Die in der Literatur beschriebenen relevanten Inhalte für eine Schulung ehrenamtlicher Helfer wurden auch von den interviewten Personen benannt. So sind sich die Sozialarbeiter der Erstaufnahmestation, die Person, die ehrenamtliche Helfer koordiniert, und das Kümmererehepaar darüber einig, dass die Helfer ein Grundlagenwissen zu Traumata erhalten und Handlungsstrategien für die akute Situation erlernen (Anhang F, S. 107; Anhang H, S. 113; Anhang J, S. 129). Auch dass die Helfer Hintergrundwissen über das Herkunftsland, die Gründe für die Flucht nach Deutschland sowie mögliche Probleme oder Gefahren während der Flucht benötigen, benennen drei der Interviewpartner (Anhang G, S. 109; Anhang I, S. 120; Anhang J, S. 129). Die Sozialarbeiter, die in einer Erstaufnahmestation tätig sind, die Person, die Helfer koordiniert, und auch die Kümmerer sehen es als sehr wichtig an, den Helfern die Grenzen ihrer Arbeit aufzuzeigen, damit sie sich selbst nicht überfordern und sich abgrenzen können. Dazu muss es klare Vorgaben geben, was in den Aufgabenbereich von professionellen Helfern und was in den Bereich der Ehrenamtler fällt (Anhang F, S. 108; Anhang H, S. 111; Anhang J, S. 132). Von der Person, die ehrenamtliche Helfer koordiniert, werden, wie in der Literatur benannt, die Aspekte Verbindlichkeit im Ehrenamt, Informationen zum Asylrecht, das Reflektieren der eigenen Motivation sowie die Gestaltung von Sprachkursen als relevant angesehen (Anhang H, S. 113 - 114). Die Kümmerer erachten es als wichtig, den Helfern beizubringen, wie man Kontakt zu den Flüchtlingen aufbauen kann (Anhang J, S. 129).

Nicht in der Literatur beschrieben, aber von den Sozialarbeitern gewünscht wurde, dass man die ehrenamtlichen Helfer darauf vorbereitet, dass nicht jeder Flüchtling sich über die

Hilfe und das Engagement freut (Anhang F, S. 108). Ebenfalls nicht in der Literatur benannt sind die Aussagen des Koordinators, der Begriffe wie Migration erläutern, die Helfer auch auf die Zusammenarbeit mit Flüchtlingen vorbereiten möchte, die abgeschoben werden sollen, und Ehrenamtliche auch in rassismuskritischer Arbeit ausbilden will (Anhang H, S. 114). Darüber hinaus ist es sinnvoll, das Thema Kinderschutz zu besprechen und über die Bedeutung von Begegnungen mit Migranten auf Augenhöhe zu sprechen (Anhang H, S. 114, 118). Dazu sollten die Helfer in der Selbstreflexion geschult und sich der eigenen Privilegien bewusst werden (Anhang H, S. 114). Außerdem muss besprochen werden, wie man damit umgehen kann, wenn man das Gefühl hat, dass ein anderer Helfer etwas falsch macht (Anhang H, S. 114 - 116, 118). Die Kümmerer wünschten sich in einer Schulung Informationen zur Selbstorganisation (Anhang J, S. 129 - 130). Über die verschiedenen Einsatzbereiche von Ehrenamtlern informiert das nächste Kapitel.

6.4   Einsatzbereiche für ehrenamtliche Helfer

In einigen Erstaufnahmeunterkünften bieten Ehrenamtliche beispielsweise ein gemeinsames Frühstück an, bringen Spielzug für Kinder vorbei oder stehen für Fragen zur Verfügung (Düsenberg, 2016, S. 10). Andere erstellen Reinigungspläne, erläutern die deutsche Mülltrennung, bieten Begleitung zu Ärzten und Ämtern an oder verhelfen den Flüchtlingen zu Internetanschlüssen, um mit Freunden/der Familie/der Heimat in Kontakt zu bleiben (Berkenbusch, 2015, S. 3). Wieder andere organisieren eine Hausaufgabenhilfe für Schulkinder oder bieten Freizeitbeschäftigungen wie Basteln und Spielen an. Einige Helfer geben Deutschunterricht, betreuen Flüchtlingsfamilien, unterstützen bei der Arbeits- und Wohnungssuche, üben Dolmetschertätigkeiten aus oder bieten Rechts- und Sozialberatung an (Han-Broich, 2012, S. 39).

Um eine gute Integration in die deutsche Gesellschaft zu ermöglichen, reicht es nicht aus, dass die ehrenamtlichen Helfer sich in den ersten Wochen und Monaten nach der Ankunft in Deutschland um die Migranten kümmern. Wichtig ist, dass diese Kontakte fortgesetzt werden, z.B. indem Ehrenamtler Ausflüge mit den Migranten unternehmen. Um die deutsche Kultur kennen zu lernen, ist es gut, wenn die ehrenamtlichen Helfer mit den Flüchtlingen Museen und kulturelle Veranstaltungen besuchen. Für den gemeinsamen Austausch über die jeweils andere Kultur sind Begegnungsstätten wichtig (Zühlke, 2015, S. 29). Flüchtlingsfamilien, die eine gute Bleibeperspektive haben und Unterstützung für ihre Integration wünschen, bekommen einen Paten an die Seite gestellt, der erster Ansprechpartner ist und ihnen bei allen möglichen Belangen mit Rat und Tat zur Seite steht (Straube, 2016, S. 17).

Zu ähnlichen Tätigkeitsfeldern wie in der Literatur beschrieben ist auch die Autorin im Rahmen ihrer Interviews gekommen. Um die einzelnen Tätigkeiten der ehrenamtlichen Helfer strukturiert wiederzugeben, hat die Verfasserin die jeweiligen Aufgaben der Helfer gesammelt und zwölf Obergruppen gebildet, denen sie die spezifischen Tätigkeiten zugeordnet hat. Die zwölf Obergruppen lauten: Lebenspraktische Tätigkeiten, Handwerkliche Tätigkeiten, Freizeitaktivitäten, Dolmetschen und Sprachkurse, Administrative Aufgaben, Asylverfahrensberatung, Café der Begegnung, Fahrdienste und Begleitung, Koordination von Sachspenden, Integration in Kindergärten, Schulen und den Arbeitsmarkt, Hausaufgabenbetreuung und neue Mitglieder akquirieren.

Um die einzelnen Oberpunkte mit ihren jeweils spezifischen Aufgaben übersichtlich darzustellen, folgt auf der nächsten Seite eine Mind-Map zu den Tätigkeitsfeldern der ehrenamtlichen Helfer.

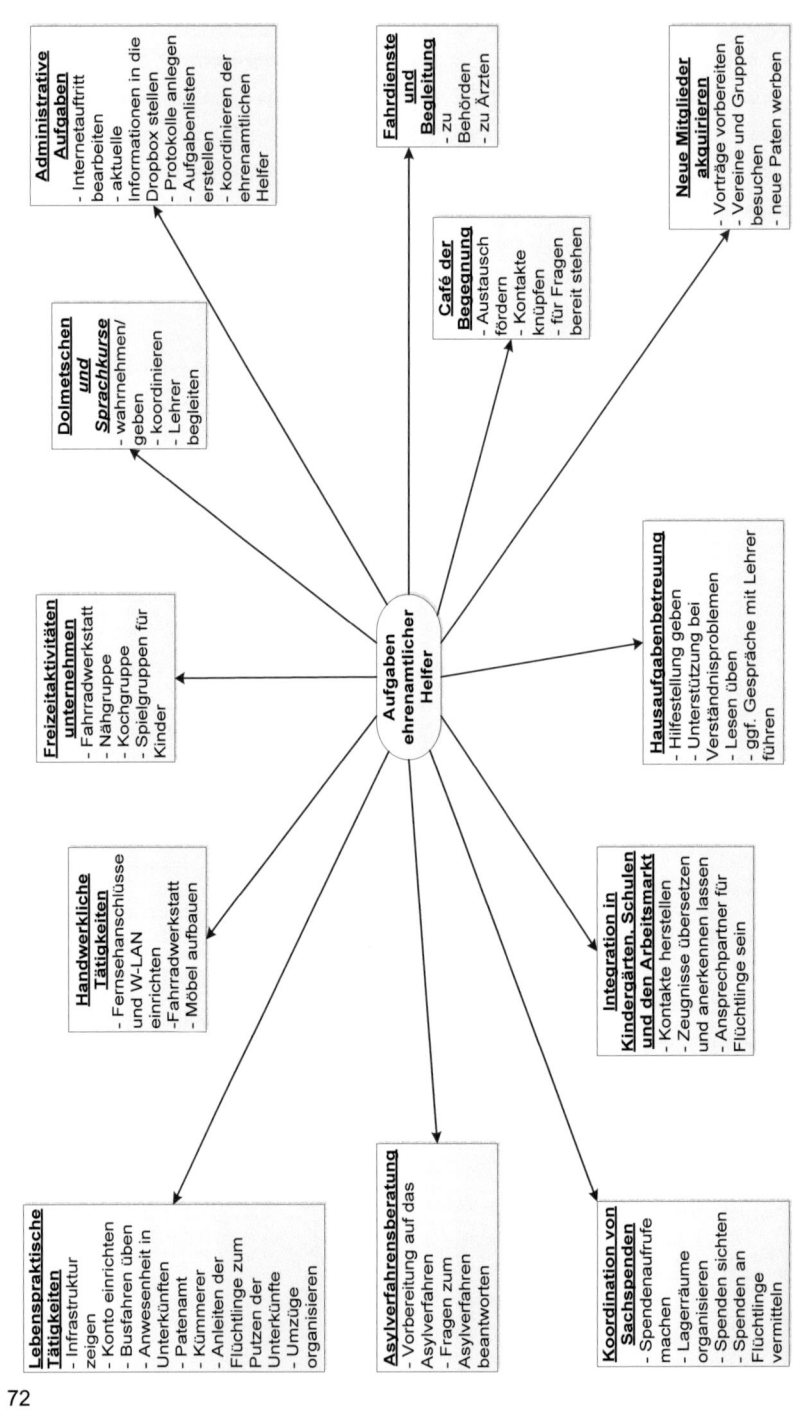

Abbildung 1: Aufgaben ehrenamtlicher Helfer in der Flüchtlingsarbeit

Zu den lebenspraktischen Tätigkeiten, die ehrenamtliche Helfer übernehmen, zählen Aufgaben wie das Zeigen und Erklären der Infrastruktur, die Hilfe beim Einrichten eines Kontos bei der Bank oder auch das Üben des Busfahrens (Anhang F, S. 107; Anhang G, S. 111; Anhang H, S. 115; Anhang I, S. 121, 123). Darüber hinaus gehören die Anwesenheit in den Flüchtlingsunterkünften, das Patenamt und auch die Kümmereraufgaben zu diesen Tätigkeiten (Anhang F, S. 107; Anhang, G, S. 111; Anhang I, S. 120 - 122). Weitere lebenspraktische Tätigkeiten sind das Anleiten zum Putzen der Unterkünfte und das Helfen bei Umzügen (Anhang J, S. 131).

Das zweite Handlungsfeld ehrenamtlicher Helfer, die handwerklichen Tätigkeiten, speist sich zum einen aus dem Einrichten von Fernseh- und W-LAN-Anschlüssen und zum anderen aus der Unterstützung in der Fahrradwerkstatt. Darüber hinaus zählt zu den handwerklichen Tätigkeiten die Unterstützung beim Aufbau von Möbeln (Anhang I, S. 123; Anhang J, S. 131). Das dritte Tätigkeitsfeld ist das Unternehmen von Freizeitaktivitäten. Dazu gehört ebenfalls die Fahrradwerkstatt, aber auch Nähgruppen, in denen Frauen gemeinsam nähen, Kochgruppen und Spielgruppen für Kinder (Anhang G, S. 111; Anhang I, S. 122 - 123; Anhang J, S. 131).

Eine sehr wichtige Aufgabe stellt das vierte Tätigkeitsfeld der Ehrenamtlichen dar, das Dolmetschen und Sprachkurse-für-Flüchtlinge-Geben. Dazu zählen auch die Aufgaben des Koordinierens der Sprachkurse und das Begleiten der Lehrenden (Anhang F, S. 107; Anhang G, S. 112; Anhang H, S. 114; Anhang I, S. 120, 122). Das fünfte Aufgabenfeld ist nach außen kaum sichtbar, jedoch für sämtliche Helfer von hoher Bedeutung, die administrativen Aufgaben. Darunter fallen z.B. der Internetauftritt der Organisation, das Anfertigen von Protokollen und das Zusammenstellen aktueller Informationen, die die Helfer benötigen wie beispielsweise aktuelle Flüchtlingszahlen oder auch Informationen zum Asylbewerberverfahren (Anhang I, S. 123). Weitere dieser Tätigkeiten sind das Erstellen von Aufgabenlisten und das Koordinieren der ehrenamtlichen Helfer (Anhang I, S. 121; Anhang J, S. 128).

Das sechste Tätigkeitsfeld, die Asylverfahrensberatung, ist eine ehrenamtliche Tätigkeit, die meistens von Anwälten durchgeführt wird. Sie bereiten die Flüchtlinge auf das Asylverfahren vor und stehen ihnen wie auch den Ehrenamtlern für Fragen zur Verfügung (Anhang I, S. 123).

Ein weiteres Aufgabenfeld ist das Übernehmen von Fahrdiensten und das Begleiten der Flüchtlinge zu Behörden und Ärzten (Anhang I, S. 121 - 122; Anhang J, S. 131). Das achte Tätigkeitsfeld ist das Café der Begegnung, in dem Helfer zum Austausch bereitstehen, helfen, Kontakte zu knüpfen, und den Flüchtlingen mit Rat und Tat zur Seite stehen (Anhang I, S. 123). Der neunte Bereich ist das Koordinieren von Sachspenden. So gibt es ehrenamtliche Helfer, die im Internet oder in der Zeitung um Sachspenden bitten. Um diese lagern zu können, mieten sie Räumlichkeiten an, in denen sie die Sachspenden nach einzelnen Einsatzbereichen sortieren. Anschließend helfen sie bei der Weitergabe der Sachspenden an die Flüchtlinge (Anhang I, S. 123; Anhang J, S. 131).

Als zehntes Tätigkeitspektrum ist die Integration der Flüchtlinge in Kindergärten, Schulen, und den Arbeitsmarkt zu nennen. Dabei stellen die Helfer Kontakte her, helfen, Zeugnisse übersetzen und anerkennen zu lassen, und sind Ansprechpartner für Fragen vonseiten der Flüchtlinge (Anhang I, S. 123). Eng damit verknüpft ist das elfte Aufgabenfeld, die Hausaufgabenbetreuung. Dabei bieten Helfer den Flüchtlingskindern Hilfestellung bei den Hausaufgaben und unterstützen diese bei Verständnisproblemen. Die Ehrenamtler üben mit den Kindern Lesen und führen bei Bedarf Gespräche mit den Klassenlehrern (Anhang I, S. 122). Das zwölfte und letzte Tätigkeitsfeld ist das Akquirieren neuer Mitglieder in der Flüchtlingsarbeit. Dafür gibt es Helfer, die Vorträge ausarbeiten und die ehrenamtlichen Tätigkeiten in Gruppen oder Vereinen vorstellen, um neue Helfer zu gewinnen (Anhang I, S. 123).

Die Grafik zeigt auf, dass die ehrenamtlichen Helfer ein breites Spektrum an Aufgaben in der Flüchtlingsarbeit übernehmen. Einige dieser Helfer sind in den jeweiligen Bereichen, in denen sie sich engagieren, qualifiziert, andere nicht. So ist nicht verwunderlich, dass das Kümmererehepaar sagte, dass sie das Gefühl hätten, zum Teil Aufgaben zu übernehmen, für die sie nicht zuständig sein sollten (Anhang J, S. 131). Um die Helfer bestmöglich auf die Arbeit mit Flüchtlingen vor zu bereiten, hat die Autorin ein Schulungskonzept entwickelt, welches im Folgenden erläutert wird.

6.5 Schulung ehrenamtlicher Hilfskräfte

Zu Beginn einer Schulung sollten die Motive der Teilnehmer geklärt werden. Dazu sollte sich jeder Ehrenamtler fragen, aus welchem Grund er sich in der Flüchtlingsarbeit engagieren möchte. Wichtig ist, dass sich die Teilnehmer über ihre eigene Rolle klar werden und auch ihre Privilegien kennen, in einem sicheren Land wie Deutschland geboren zu sein. Darüber hinaus muss der persönliche Umgang mit den Flüchtlingen immer wieder hinterfragt werden. In diesem Zusammenhang ist es von Bedeutung, die individuelle Reflexionsfähigkeit auszubauen und sich eigener Stereotype bewusst zu werden. Gelehrt werden muss, dass nicht alle Vorurteile zutreffen, sondern das man im Umgang mit anderen Menschen auch ganz andere und neue Erfahrungen machen kann. Dazu ist es sinnvoll, im Rahmen einer Schulung die Selbstreflexion zu trainieren. Außerdem muss die

Verbindlichkeit im Ehrenamt thematisiert werden (Anhang G, S. 109, 111 - 112; Anhang H, S. 113 - 115).

Darüber hinaus sind zentrale Inhalte einer Schulung von ehrenamtlichen Helfern Hintergrundinformationen wie z.B.: Aus welchem Land kommen die Flüchtlinge? Warum kommen diese Menschen in unser Land? Was kann auf einer Flucht alles passieren? Außerdem wäre es für die Teilnehmer interessant zu erfahren, wie viele Menschen bis jetzt in Deutschland Zuflucht gefunden haben. Des Weiteren wäre es gut, über das Asylrecht und unterschiedliche Beweggründe für eine Flucht zu berichten (Anhang G, S. 109).

Auf Grund der Kriegssituation in Syrien und der Fluchterfahrung sind grundlegende Informationen zum Thema „Traumatisierung und Belastungsstörungen" unerlässlich. Dabei kann es sich lediglich um Grundlagenwissen und Erste Hilfe in der Akutsituation handeln, da alles Weitere den Kompetenzbereich der Ehrenamtlichen überschreiten würde. Wichtig ist in diesem Zusammenhang, die Helfer für das Du des anderen zu sensibilisieren, also für das, was die betreffende Person erlebt und durchlitten hat (Anhang G, S. 109, 111; Anhang I, S. 120).

Ein weiterer Baustein der Schulung sollten Inhalte zum Thema Netzwerkbildung sein und die Voraussetzungen, damit Flüchtlinge zum Arbeitsmarkt sowie in Schulen und Kindergärten zugelassen werden. Dazu sollten die Helfer wissen, dass Flüchtlinge hier lange Zeit keine Selbstwirksamkeitserfahrungen machen können, da sie oft für einen langen Zeitraum keine Arbeit annehmen dürfen und aufgrund unzureichender Sprachkenntnisse und oftmals fehlender Zeugnisse weniger Chancen auf dem Arbeitsmarkt haben (Anhang G, S. 109; Anhang H, S. 115).

Ein anderer Schulungsinhalt sollte die „Interkulturelle Kompetenz" sein. Da lernen die Teilnehmer, auf Menschen mit Migrationshintergrund zuzugehen und eigene Vorurteile abzubauen. Besonders wichtig ist auch, den Teilnehmern Klarheit über ihre eigenen Grenzen zu verschaffen. Dazu sollte sich jeder Teilnehmer seiner individuellen Ressourcen bewusst werden und auch die eigenen Grenzen wahrnehmen und kennen (Anhang G, S. 111; Anhang H, S. 113, 115; Anhang I, S. 120).

Im Rahmen der Schulung sollte den Teilnehmern Arbeitsmaterial wie z.B. Zeigebücher mit Fotos zur Verfügung gestellt werden oder auch Broschüren, die deutsche Gewohnheiten mit Bildern und wenig Sprache erklären. Dies kann den Teilnehmern helfen, um einen Einstig in die Kommunikation zu finden (Anhang I, S. 127). Das ist sehr wichtig, da die Ehrenamtlichen viel Orientierung brauchen. Es ist unmöglich, die Helfer auf alle möglichen Probleme vorzubereiten; darum ist es von besonderer Bedeutung, dass ihnen Kontaktdaten an die Hand gegeben werden, wo sie sich bei Bedarf Hilfe holen können (Anhang F, S. 108; Anhang J, S. 130, 132).

Die folgende Abbildung (Abbildung 2) bildet die Schulungsinhalte in chronologischer Reihenfolge ab.

Schulungsinhalte für ehrenamtliche Helfer

in der Arbeit mit syrischen Flüchtlingen

1) Hintergrundwissen zu den Lebensgewohnheiten und der Religion, dem Islam
2) Die politische Situation in Syrien und der Bürgerkrieg
    2.1) Nahrungsmittelknappheit
    2.2) Medizinische Versorgung
    2.3) Die Flucht
3) Auswirkungen der Flucht
    3.1) Psychische Folgen: Traumatisierung erkennen und Erste Hilfe in der Akutsituation leisten
    3.2) Physische Folgen
    3.3) Soziale Folgen
4) Syrische Flüchtlinge in Deutschland
    4.1) Unterbringung
    4.2) Sprachliche Barrieren
    4.3) Rechtliche Grundlagen
5) Ehrenamtliche Helfer
6) Das Konzept der transkulturellen Kompetenz
    6.1) Transkulturelle Kompetenz
    6.2) Transkulturelle (Pflege-)Anamnese
7) Selbstreflexion
8) Ansatzpunkte zur Kooperation mit professionellen Helfern
9) Weitere Betreuung der ehrenamtlichen Hilfskräfte

Abbildung 2: Übersicht der Schulungsinhalte

Im dem nachfolgend entwickelten Konzept sind zentrale Inhalte einer Schulung nicht beschrieben, da sie bereits am Beginn der Studie thematisiert wurden. Dazu zählen die **Informationen über die Fluchtgründe**, das **Hintergrundwissen über die politische Situation in Syrien** sowie über **die Flucht** selbst (Kapitel 2). Darüber hinaus sind bereits Inhalte zum **Überwinden von Sprachproblemen** und zum **Ehrenamt** im dritten Kapitel (3.2.3 und 3.2.4) dargestellt worden. Auch die **Auswirkungen der Flucht** wurden schon im vierten Kapitel thematisiert. Inhalte zum Thema **Sprachkurse pädagogisch gut gestalten** werden nicht dargestellt, da zum einen nur ein geringer Teil der Ehrenamtlichen mit dieser Aufgabe betraut ist und zum anderen dieser Themenbereich extrem komplex ist, so dass die Verfasserin empfiehlt, dazu eine Extraschulung anzubieten oder, noch besser, nur pädagogisch erfahrene Helfer mit dieser Aufgabe zu betrauen. Auch die **transkulturelle Kompetenz** ist im Kapitel 5.3 schon erklärt worden, so dass sie im Rahmen der Schulungsinhalte nicht noch einmal erläutert wird. Im Folgenden ist das **Hintergrundwissen zu Syrien und ihrer Religion, dem Islam**, dargestellt.

6.5.1 Hintergrundwissen zu Syrien und der Religion, dem Islam

Das Land Syrien hat eine Fläche von 185.180 km² (zum Vergleich: Deutschland: ca. 357.000 km²), und die Hauptstadt Damaskus befindet sich im Südwesten des Landes (Fahlbusch, Lochman, Mbiti, Pelikan & Vischer, 1996, S. 616; Meyers Lexikonredaktion, 2003, S. 7357). Syrien liegt in Vorderasien und grenzt im Norden an die Türkei, im Osten und Südosten an den Irak, im Süden an Jordanien, im Südwesten an Israel und im Westen an den Libanon und das Mittelmeer. Insgesamt hat Syrien eine 175 km lange Mittelmeerküste. Als Amtssprache wird Arabisch gesprochen (Meyers Lexikonredaktion, 2003, S. 7357). Im Jahr 2010 hatte Syrien 21,4 Millionen Einwohner (Statista, k.D).

Das Landesinnere besteht größtenteils aus Wüste und Wüstensteppe, da in Syrien ein heißes und trockenes Klima herrscht. Bis zum Ausbruch des Bürgerkrieges 2011 lebte die Wirtschaft des Landes überwiegend von landwirtschaftlichen Produkten aus dem Küstenstreifen und dem Euphratgebiet, die ins Ausland exportiert wurden. Weitere Exportprodukte waren Erdöl, Erdgas und Phosphat. Daneben gab es im Land Textilindustrie, Maschinen- und Fahrzeugbau, Zement- und Düngemittelproduktion (Meyers Lexikonredaktion, 2003, S. 7357 - 7358).

Syrien war eine sozialistische Volksrepublik, in der die Baath Partei großen Einfluss hatte. Baschar al-Assad war Führer der Baath-Partei und seit dem 17.07.2000 auch Staatspräsident des Landes (Meyers Lexikonredaktion, 2003, S. 7357 - 7358). Ziel der Baath-Partei war, Einheit, Freiheit und Sozialismus zu schaffen (Fahlbusch et al., 1996, S. 619).

In Syrien gab es eine sechsjährige Grundschulpflicht; trotzdem sind 26 % der Bevölkerung Analphabeten (Meyers Lexikonredaktion, 2003, S. 7358). Fast 90% der Bewohner sind Muslime, größtenteils gehören sie zu den Sunniten (Fahlbusch et al., 1996, S. 616; Meyers Lexikonredaktion, 2003, S. 7358). Trotz der hohen Zahl an Muslimen herrschte in Syrien bis zum Beginn des Bürgerkrieges Glaubens- und Religionsfreiheit (Fahlbusch et al., 1996, S. 618).

Zahlenmäßig ist der Islam die größte nichtchristliche Weltreligion. Er wurde durch Mohammed (ca. 570 – 632 nach Christus) in Mekka begründet. In einem Traum hat Allah (= Gott) zu Mohammed gesprochen und ihn dazu veranlasst, die Offenbarung zu verkündigen. Genau wie das Christentum ist auch der Islam vom Monotheismus geprägt: also Allah als einziges höchstes Wesen. Ein Unterschied zum Christentum ist jedoch, dass jedes Kind muslimischer Eltern allein durch die Geburt Muslim wird. Den Lebenssinn sieht ein Moslem einzig im Dienen Gottes. Der Islam stützt sich auf fünf Säulen. Dies sind das Glaubensbekenntnis, das täglich fünfmalige Gebet in Richtung Mekka, das Zahlen der Armensteuer, das Fasten im Monat Ramadan sowie – falls es die finanziellen Mittel erlauben – einmal in seinem Leben eine Pilgerfahrt nach Mekka zu unternehmen, um das Heilige Haus zu besuchen. Nach dem Tod eines Moslems erhält er den Lohn für sein Leben, wobei die Summe seiner guten und schlechten Taten darüber entscheidet, ob er am Tag der Auferstehung ins Paradies oder in die Hölle kommt. Die einzige Ausnahme betrifft Soldaten, die im Heiligen Krieg für den Islam gestorben sind. Diese kommen direkt ins Paradies (Lenthe, 2016, S. 62 - 64).

Der Koran ist das heilige Buch des Islam; er ist in arabischer Sprache geschrieben. Er vermittelt die Glaubenslehre und Glaubensziele. Außerdem gilt er für Muslime als Sozialkodex und Rechtsquelle, wobei nur der arabische Originaltext verbindlich ist. Für Muslime sind die Sunna besonders wichtig, welches gesammelte „Mitteilungen, Aussagen, Verhaltens- und Handlungsweisen Mohammeds" (Lenthe, 2016, S. 64) sind. Genau wie der Koran geben sie Handlungs- und Verhaltensweisen im täglichen Umgang vor und dienen als Rechtsquelle. Die Muslime spalten sich in zwei Untergruppen auf, die Sunniten und die Schiiten. Dabei erkennen die Schiiten nur die Sunna an, die auf Ali, den Cousin von Mohammed, oder auf die Imame, die höchsten geistlichen Führer, zurückzuführen sind. Die Scharia gibt den Rechtskodex für die Bereiche Handels- und Wirtschaftsrecht sowie für Familien-, Zivil- und Strafrecht vor. In der Scharia werden sämtliche Lebensbereiche durch Vorschriften, die im Einklang mit dem Koran stehen, geregelt (Lenthe, 2016, S. 64).

Das fünfmalige Gebet am Tag in arabischer Sprache und mit Blickrichtung Mekka ist dem Moslem äußerst wichtig. Die Gebetszeiten werden dabei vom Lauf der Sonne bestimmt, wobei „vor Sonnenaufgang, mittags, nachmittags, nach Sonnenuntergang und zuletzt in der Nacht" (Lenthe, 2016, S. 65) gebetet wird. Während des Gebets muss die Person saubere Kleidung tragen und sich zuvor nach einem bestimmten Ritual die Hände und Arme sowie Gesicht und Füße waschen. Außerdem werden der Mund ausgespült und die Nase und die Ohren gesäubert. Gebetet wird im Knien auf einem Teppich (Lenthe, 2016, S. 65).

Für Muslime ist der Freitag der Feiertag der Woche. Weitere Feiertage sind das Fastenbrechen, auch Zuckerfest genannt, am Ende des Fastenmonats Ramadan. Das Fasten im Monat Ramadan ist für Muslime Pflicht. Dabei darf zwischen Sonnenauf- und -untergang nichts gegessen und nichts getrunken werden, und es darf kein Geschlechtsverkehr stattfinden. In der Nacht darf so viel gegessen und getrunken werden, wie man möchte. Ein weiterer Feiertag ist das islamische Opferfest. Dieses findet ca. 70 Tage nach dem Ramadan statt. Während des Opferfestes wird der Person des Abraham gedacht, der bereit war, Ismail, seinen Sohn, Allah zu opfern (Lenthe, 2016, S. 65 - 66).

Die islamischen Speisegesetze teilen die Lebensmittel in erlaubte und verbotene Speisen ein. Zu den verbotenen Speisen gehören Tierspeisen, wenn die Tiere nicht nach den islamischen Vorschriften geschlachtet wurden, sowie Lebensmittel vom Schwein und auch alkoholische Getränke wie Wein (Lenthe, 2016, S. 65).

Ausscheidungen jeglicher Art gelten im Islam als unrein, weshalb das Gesäß nur mit der linken Hand, die ebenfalls als unrein gilt, gereinigt wird. Zu beachten ist, dass Muslime nach der Ausscheidung ihren Intimbereich immer mit fließendem Wasser waschen. Aufgrund der Reinlichkeitsregeln rasieren sich Muslime regelmäßig die Achsel- und Schambehaarung. Außerdem werden die Fingernägel kurz geschnitten (Lenthe, 2016, S. 67).

Die Kleidervorschrift dient dazu, Respekt und Achtung vor dem anderen Geschlecht zu haben. Generell sollte der gesamte Körper bedeckt und die Figur nicht erkennbar sein. Bei Frauen dürfen nur das Gesicht und die Hände unbedeckt sein. Als Ausdruck ihres Glaubens trägt die muslimische Frau ein Kopftuch (Lenthe, 2016, S. 67).

Zur Bestimmung der Ehe zählt, dass ein muslimisches Paar Kinder gebärt. Die Beschneidung von Jungen hat Mohammed empfohlen, sie kann bis zum 19. Lebensjahr durchgeführt werden (Lenthe, 2016, S. 68).

Wenn ein Muslim im Sterben liegt, so soll er auf den Rücken gelegt und sein Gesicht in Richtung Mekka gewendet werden. Der Sterbende soll das Glaubensbekenntnis sprechen. Ist er selbst dazu nicht in der Lage, so übernehmen dies die Angehörigen. Nach seinem Versterben muss der Leichnam nach dem islamischen Ritus gewaschen und anschließend in ein Leinentuch eingehüllt werden. Eine Obduktion darf nur in Ausnahmefällen durchgeführt werden, wenn dadurch ein gesellschaftlicher Nutzen entsteht. Feuerbe-stattungen sind aufgrund der Würde des Körpers generell verboten (Lenthe, 2016, S. 68).

Durch die Migranten steigt auch in Deutschland die Zahl der Menschen, die einer anderen Kultur und Religion angehören. Für viele Migranten bietet die Religion Halt und Orientie-rung. Darüber hinaus ist sie eines der wesentlichsten Identitätsmerkmale. Außerdem wird durch das Praktizieren von religiösen Riten und Festen der Zusammenhalt untereinander gefestigt (Lenthe, 2016, S. 58). Bücher bzw. Informationen über das Land, aus dem die geflüchteten Menschen stammen, können helfen, um vorsichtig Fragen zu stellen und aktiv zuzuhören (Visser & de Jong, 2002, S. 52). Während Gespräche mit den Flüchtlin-gen geführt werden, können auch Traumata aufbrechen. Wie ein Helfer in dieser Situation vorgehen kann, ist im nächsten Kapitel dargestellt.

6.5.2 Traumatisierung erkennen und Erste Hilfe in der Akutsituation leisten

Ein Trauma ist ein Erlebnis, das das Gefühlserleben erschüttert, sich schädlich auf die Psyche einer Person auswirkt und zu psycho-emotionalen oder psychosomatischen Fol-gen führt (Moser, 2015, S. 519 - 520). Zu den extremen Traumatisierungen zählen Kriegs-und Folterereignisse (Moser, 2015, S. 521). Gerade Personen aus Kriegsgebieten leiden auf Grund dieser Erfahrungen oft unter einer posttraumatischen Belastungsstörung. An-zeichen für eine PTBS sind beispielsweise Flashbacks (das erneute Durchleben der traumatisierenden Erfahrung), eine erhöhte Schreckhaftigkeit, Alpträume und Wutausbrü-che, die Monate oder auch Jahre später noch auftreten können. Viele Betroffene können über ihre traumatisierenden Erfahrungen nicht sprechen (Moser, 2015, S. 522 - 523).

Gerade wenn sich die Integration in die Aufnahmegesellschaft als schwierig erweist, tre-ten psychische Symptome wie z.B. Kopf- und Magenschmerzen, Depressionen und Ag-gressionen auf (Han-Broich, 2012, S. 190). In der Akutsituation sollte der Ersthelfer für Ruhe und für die Sicherheit des Patienten sorgen. Er sollte Hilfe anbieten, gegenwärtige Bedürfnisse befriedigen und einen Arzt oder Psychologen zu Hilfe holen (Sonnenmoser, 2013, S. 306). Über die Rechte von Flüchtlingen in Deutschland informiert das folgende Kapitel.

6.5.3 Rechtliche Grundlagen zu Flüchtlingen in Deutschland

Wer als Flüchtling nach Deutschland kommt, kann sich entweder direkt an der Grenze bei der Grenzbehörde melden und wird dann direkt einer Erstaufnahmeeinrichtung zugewiesen. Oder er kann sich im Inland bei einer staatlichen Stelle wie z.B. bei der Polizei, der Ausländerbehörde oder auch bei einem Ankunftszentrum melden. Es folgt die Registrierung der Person durch das Speichern von persönlichen Daten und das Hinzufügen eines Fingerabdrucks und Lichtbildes. Diese Daten sind Grundlage für alle weiteren Verfahren. Der Flüchtling erhält im Folgenden einen Ankunftsnachweis, der ihn dazu berechtigt, sich in Deutschland aufzuhalten. Außerdem erhält der Flüchtling dadurch Zugang zu staatlichen Leistungen wie beispielsweise medizinische Versorgung und Unterkunft (Bundesamt für Migration und Flüchtlinge, 2016).

Die Flüchtlinge werden in die nächste Aufnahmeeinrichtung vermittelt, in der Plätze frei sind. Von dort aus werden sie nach dem Königsteiner-Schlüssel auf die einzelnen Bundesländer verteilt. Dazu werden die Steuereinnahmen (2/3 Bewertungsanteil) und der Bevölkerungsanteil (1/3 Bewertungsanteil) herangezogen. Diese Quote wird jedes Jahr für jedes Bundesland neu ermittelt. In der Aufnahmeeinrichtung wird der Asylsuchende untergebracht, und er erhält alle Sachleistungen zur Grundsicherung. Darüber hinaus gibt es einen monatlichen Geldbetrag zur Sicherstellung der individuellen Bedürfnisse (Bundesamt für Migration und Flüchtlinge, 2016). Dieser beträgt für alleinstehende Migranten 135 € (Bundesamt der Justiz und Verbraucherschutz, 1993, §3 Abs. 1 Nr. 1 AsylbLG).

In den Aufnahmezentren werden alle zentralen Schritte in die Wege geleitet. So finden die ärztlichen Untersuchungen, die Identitätsfeststellung und die Asylantragsstellung dort statt. Oft bieten Aufnahmezentren auch eine Vorbereitung auf die Anhörung im Rahmen des Asylverfahrens an. Wenn Flüchtlinge aus einem Land mit guter Bleibeperspektive wie Syrien kommen, werden sie bei der Suche nach einem Integrationskurs unterstützt, und es wird ein Bewerberprofil erstellt, um die Situation auf dem Arbeitsmarkt in Deutschland zu prüfen (Bundesamt für Migration und Flüchtling, 2016).

„Asyl" ist die Bezeichnung für einen Schutzstatus, der Flüchtlinge vor politischer Verfolgung in ihrem Heimatland schützt. Dazu wird die Situation des Flüchtlings an Hand der Genfer Flüchtlingskonvention geprüft. Asyl wird nur gewährt, wenn der Flüchtling nicht über einen sicheren Drittstaat eingereist ist (Deutscher Bundestag, 2009, §16a Abs. 1 & 2 GG). Asylbewerber, die gute Chancen haben, in Deutschland bleiben zu können, dürfen an Integrationskursen teilnehmen, sofern Plätze frei sind. Dazu muss der Migrant beim Bundesamt für Migration und Flüchtlinge (BAMF) einen Zulassungsantrag stellen. Wird die Zulassung erteilt, so kann man einen Integrationskurs in seiner Wohnumgebung suchen und sich dort für die Teilnahme anmelden. Die Teilnahme ist für Asylbewerber kostenlos (Bundesamt für Migration und Flüchtlinge, 2015a).

Findet die persönliche Antragsstellung des Flüchtlings nicht in dem Ankunftszentrum statt, so muss der Asylantragssteller sich zu einer Außenstelle des Bundesamtes begeben. Bei diesem Termin ist ein Dolmetscher zugegen, damit der Asylantragssteller in einer ihm vertrauten Sprache über seine Rechte und Pflichten im Rahmen des Verfahrens aufgeklärt werden und er Angaben zu seinen Fluchtgründen machen kann. Außerdem müssen – falls vorhanden – der Nationalpass sowie aussagekräftige Personendokumente wie Führerschein oder Geburtsurkunde mitgebracht werden. Durch die Überprüfung der Daten kann festgestellt werden, ob die Person einen Erstantrag oder einen Folgeantrag stellt. Nach der Asylantragsstellung erhält der Asylsuchende eine Bescheinigung, die ihm den Aufenthalt in Deutschland gestattet. Diese ist jedoch auf den Bezirk der Aufnahmeeinrichtung beschränkt, welches als Residenzpflicht bezeichnet wird. Nach drei Monaten erlischt die Residenzpflicht, und der Asylsuchende darf sich in der gesamten Bundesrepublik frei bewegen (Bundesamt für Migration und Flüchtlinge, 2016). Wer sich trotz der Residenzpflicht von dem vorgegebenen Ort entfernt, wird strafrechtlich verfolgt oder muss ein Bußgeld bezahlen (Schöninger & Haßelbusch, 2016, S. 6).

Bevor der Asylantrag geprüft wird, wird nach dem Dublin-Verfahren festgestellt, in welchem Staat der Flüchtling EU-Boden betreten und gegebenenfalls bereits einen Asylantrag gestellt hat. Prinzipiell ist immer der Staat für die Durchführung des Asylverfahrens zuständig, in dem das Gebiet der EU betreten bzw. ein erster Asylantrag gestellt wurde. Im nächsten Schritt erfolgt die persönliche Anhörung des Asylantragstellers. Dies ist der wichtigste Schritt im Asylverfahren, weshalb Hilfsorganisation für Flüchtlinge Beratungstermine zur Vorbereitung auf dieses Gespräch anbieten. Während der Anhörung ist ein Dolmetscher zugegen. Der Antragsteller muss seine Fluchtgründe darlegen, die Fluchtroute erklären und, wenn möglich, Beweise für seine Fluchtgründe vorlegen. Das Bundesamt entscheidet nach Sichtung der persönlichen Dokumente und auf Grund der Anhörung über die Glaubwürdigkeit des Asylantrags. Der Antragsteller erhält eine schriftliche Begründung über den Ausgang des Asylentscheids (Bundesamt für Migration und Flüchtlinge, 2016). Die Auslandsbehörde kann dem Asylberechtigten eine Aufenthaltserlaubnis für bis zu drei Jahre erteilen (Bundesministerium der Justiz und für Verbraucherschutz, 2008, §26 Abs. 1 AufenthG). Gleiches gilt für Personen, die als Flüchtlinge anerkannt sind (Bundesamt für Migration und Flüchtlinge, 2016).

Eine Aufenthaltserlaubnis ist immer befristet und wird ausgestellt für Migranten, die aus humanitären Gründen oder wegen politischer Verfolgung in Deutschland bleiben dürfen (Bundesministerium der Justiz und für Verbraucherschutz, 2008, §22 AufenthG). Die Aufenthaltserlaubnis ist oft mit einer Wohnsitzbeschränkung verknüpft, so dass die betroffene Person sich an einem bestimmten Ort aufzuhalten hat. Außerdem berechtigt die Aufenthaltserlaubnis auch zum Zugang zum Arbeitsmarkt (Bundesministerium der Justiz und für Verbraucherschutz, 2008, §23 Abs. 2 AufenthG).

Als Flüchtling gilt ein Migrant, der in einem anderen Land Schutz sucht, da er in seinem Heimatland unter Krieg oder politischer Verfolgung leidet (Bundesministerium der Justiz und für Verbraucherschutz, 1982, §3 Abs. 1 AsylG). Subsidiären Schutz kann ein Ausländer erhalten, wenn er nachweisen kann, dass ihm in seinem Heimatland mit hoher Wahrscheinlichkeit ein Schaden zugefügt wird (Bundesministerium der Justiz und für Verbraucherschutz, 1982, §4 AsylG).

Flüchtlinge können in Deutschland einen vorübergehenden Schutz erhalten, der zur Erteilung einer vorübergehenden Aufenthaltserlaubnis führt. Sie werden dann nach einem entsprechenden Verteilungsschlüssel vom BAMF an die jeweiligen Bundesländer verteilt. Der Flüchtling muss sich an dem ihm zugewiesenen Ort aufhalten (Bundesministerium der Justiz und für Verbraucherschutz, 2008, §24 Abs. 1, 3 & 5 AufenthG). Liegt ein subsidiärer Schutz zu Grunde, so wird die Aufenthaltserlaubnis für ein Jahre erteilt und kann um weitere zwei Jahre verlängert werden (Bundesministerium der Justiz und für Verbraucherschutz, 2008, §26 Abs. 1 AufenthG). Um als Flüchtling in Deutschland arbeiten zu können, ist es vonnöten, dass in der Aufenthaltserlaubnis vermerkt wurde, dass die betreffende Person eine Arbeitserlaubnis hat (Bundesamt für Migration und Flüchtlinge, 2015b).

Wenn Migranten Fragen zum Aufenthaltsrecht haben, so müssen sie sich an die Ausländerbehörde wenden. Diese regelt alle Angelegenheiten, die im Zusammenhang mit der Aufenthaltserlaubnis und der Erwerbstätigkeit stehen (Bundesamt für Migration und Flüchtlinge, 2012). Verschiedene soziale Organisationen wie beispielsweise die Caritas, die Diakonie oder das Rote Kreuz bieten eine Migrationsberatung an, wo sich Migranten über sämtliche Belange in dem Aufnahmeland informieren können. Hier werden Fragen zum Thema medizinische Versorgung, Anerkennen lassen von Zeugnissen, Zugang zu Integrationskursen und Fragen zur Wohnungssuche geklärt (Bundesamt für Migration und Flüchtlinge, 2015c).

Die Person, die ehrenamtliche Helfer in NRW koordiniert, wies darauf hin, dass sie die ehrenamtlichen Helfer zusätzlich auch auf die Arbeit mit Flüchtlingen vorbereitet, die wieder in ihr Heimatland abgeschoben werden. Hier sollen die ehrenamtlichen Helfer gemeinsam mit dem Flüchtling neue Lebenswege in der Heimat planen (Anhang H, S.). Da die Autorin diese Thematik für wichtig erachtet, würde sie diesen Aspekt mit in die Schulung integrieren. Egal ob ein Helfer Flüchtlinge betreut, die in Deutschland bleiben dürfen oder die abgeschoben werden, wichtig ist, dass der Helfer sein Verhalten anschließend reflektiert. Ein möglicher Reflexionszyklus zur Selbstreflexion wird im nächsten Kapitel erläutert.

6.5.4 Selbstreflexion: Der Reflexionszyklus nach Gibbs

Der Reflexionszyklus nach Gibbs stammt aus dem Jahr 1988 und besteht aus den sechs Schritten „Beschreibung", „Emotionen", „Evaluation", „Analyse", „Schluss" und „Plan" (Gibbs, 1988, zit. nach Johns 2004, S. 84). In der ersten Phase, der „Beschreibung" (Gibbs, 1988, zit. nach Johns, 2004, S. 84), soll sich die Person ganz bewusst an die durchlebte Situation erinnern und sie so detailliert wie möglich wiedergeben. Während der zweiten Phase, der „Emotionen" (Gibbs, 1988, zit. nach Johns, 2004, S. 84), geht es darum, sich seiner eigenen Gefühle und Gedanken in der erlebten Situation noch einmal bewusst zu werden. Die dritte Phase, die „Evaluation" (Gibbs, 1988, zit. nach Johns, 2004, S. 84), soll genutzt werden, um in Erfahrung zu bringen, welche der gemachten Erfahrungen gut und welche schlecht waren. Es folgt die vierte Phase, die „Analyse" (Gibbs, 1988, zit. nach Johns, 2004, S. 84), in der die betroffene Person sich bewusst wird, wie sie das Erlebte interpretiert. In der fünften Phase, dem „Schluss" (Gibbs, 1988, zit. nach Johns, 2004, S. 84), sollte man sich fragen, was man hätte anders machen können. Es folgt die letzte Phase, der „Plan" (Gibbs, 1988, zit. nach Johns, 2004, S. 84), in dem sich die Person überlegen soll, was sie tun würde, falls sie noch einmal in eine solche Situation käme (Johns, 2004, S. 84).

Johns ist der Ansicht, dass die Reflexion ein Prozess ist, dem keine starre Schrittfolge zugrunde liegt, da nicht nur separate Handlungsschritte reflektiert werden. Vielmehr sieht er die Möglichkeit, zwischen den einzelnen Prozessschritten auch hin und her zu springen, um die Handlung als Ganzes zu reflektieren (Johns, 2004, S. 84). Ebenso wichtig wie die Selbstreflexion ist eine gute Kooperation mit professionellen Helfern. Wie sich dies entwickeln lässt, wird im Anschluss erläutert.

6.5.5 Ansatzpunkte zur Kooperation mit professionellen Helfern

Wichtig ist es, den Unterschied zwischen ehrenamtlichen und professionellen Tätigkeiten klar abzugrenzen. Zusätzlich sollten die ehrenamtlichen Helfer darüber informiert werden, welche konkreten Aufgaben die professionellen Helfer im Rahmen der Versorgung von Flüchtlingen übernehmen und welche eben nicht geleistet werden. Dies ist von besonderer Bedeutung, um einer Enttäuschung der Ehrenamtler entgegen zu wirken (Han-Broich, 2012, S. 200). Darüber hinaus wird der Austausch mit professionellen Helfern als sehr hilfreich erlebt, da zum einen individuell erlebte Situationen besprochen werden können und zum anderen der ehrenamtliche Helfer weiß, an wen er sich ggf. bei Fragen und Problemen wenden kann (Han-Broich, 2012, S. 43, 200).

Die Person, die Onlineseminare zur Schulung ehrenamtlicher Helfer entwickelt hat, erklärt, dass die ehrenamtlichen Helfer oft eine zu hohe Erwartungshaltung an die Professionellen haben. Dadurch sind letztere häufig überlastet, da sie durch gutgemeinte Ratschläge vonseiten der Ehrenamtlichen mehr Arbeit haben. Aus diesem Grund ist es gut, wenn die Aufgabenfelder von Ehrenamtlichen und Professionellen klar voneinander abgegrenzt werden. Wertvoll ist es, wenn der Kontakt zwischen ehrenamtlichen und professionellen Helfern hergestellt werden kann, um eine Basis für eine gelingende Koordination und Kooperation zwischen Ehrenamtlern und Professionellen zu schaffen (Anhang G, S. 111). Auch die Person, die ehrenamtliche Helfer koordiniert, und die Kümmerer wünschen sich eine klare Abgrenzung zwischen den ehrenamtlichen und den professionellen Tätigkeiten (Anhang H, S. 113; Anhang J, S. 132). Dazu fänden die Kümmerer es hilfreich, wenn es eine Liste gäbe, auf der die beiden Tätigkeitsfelder klar voneinander abgegrenzt wären (Anhang J, S. 132).

Der Koordinator für ehrenamtliche Helfer schlägt mehr modularisierte Qualifizierungen vor, um die Zusammenarbeit zwischen ehrenamtlichen und professionellen Helfern zu fördern. Darüber hinaus wurde die Idee geäußert, Workshops und kleine Messen zu organisieren, bei denen sich die ehrenamtlichen Helfer mit professionellen Helfern austauschen können. Gleichzeitig würden so auch Kontakte hergestellt, so dass die ehrenamtlichen Helfer sich bei Problemen mit den Flüchtlingen an professionelle Helfer wenden könnten. Der dahinterliegende Wunsch ist, dass ehrenamtliche und professionelle Helfer Hand in Hand zusammen arbeiten und den Flüchtlingen so gute Startchancen in Deutschland bieten (Anhang F, S. 108; Anhang H, S. 116).

Der Leiter des „Arbeitskreises Asyl" beklagt, dass es generell zu wenig hauptamtliche Helfer gibt, die sich um die Versorgung der Flüchtlinge kümmern. So schildert er, dass ein Sozialarbeiter nur einen halben Tag pro Woche in der Stadt sei, der für Fragen zur Verfügung steht. So wünscht sich der Leiter des „Arbeitskreises Asyl" eine bessere Verzahnung zwischen hauptamtlichen und ehrenamtlichen Helfern (Anhang I, S. 125).

Auch die Kümmerer beklagen, dass es bei ihnen vor Ort eigentliche keine Zusammenarbeit zwischen Ehrenamtlichen und Hauptamtlichen gibt, es sei denn, man habe privat Kontakt zu irgendwelchen Hauptamtlichen. Die Kümmerer wünschen sich mehr Sozialarbeiter, die die Arbeit koordinieren und Strukturen für eine gute Zusammenarbeit schaffen (Anhang J, S. 130, 132). Ein großes Problem sehen die Kümmerer in der rechtlichen Barriere des Datenschutzes. Die Ehrenamtler müssen wissen, wer schon an Sprach- und Integrationskursen teilnimmt oder wer schulpflichtige Kinder hat, damit sie ihr Ehrenamt gewissenhaft ausführen können. Diese Daten dürfen jedoch von der Stadt nicht herausgegeben werden, so dass einzelne Flüchtlinge mehrfach Hilfe erhalten und andere eben gar keine. So wünschen sich die Kümmerer mehr Unterstützung vonseiten der städtischen Mitarbeiter, die für einen guten Informationsfluss sorgen und die Verantwortung für die Abläufe in den Flüchtlingsunterkünften tragen (Anhang J, S. 133). Eine andere Idee der Kümmerer war es, Helfer aus bestehenden Flüchtlingsunterkünften in die neu gegründeten zu schicken, um den dortigen Helfern beim Aufbau von Strukturen und Abläufen durch ihr Wissen und ihre Erfahrung zur Seite zu stehen (Anhang J, S. 130). Des Weiteren schlagen die Kümmerer vor, dass es moderierte Mediationen bei übergreifenden Treffen zwischen Haupt- und Ehrenamtlichen geben sollte, in deren Rahmen ein guter Austausch stattfinden kann. Außerdem regen die Kümmerer an, eine Plattform im Internet zu errichten, um Fahrdienste zu koordinieren, eine Listen mit Gegenständen anzufertigen, die den Flüchtlingen fehlen und gespendet werden können, oder auch, dass Listen mit Dolmetschern und Ärzten für ehrenamtliche Helfer dort auffindbar wären. Dazu sollten die ehrenamtlichen Helfer einzelne Symptome, besonders bei psychischen Problemen wie der Traumatisierung, kennen, um die Flüchtlinge dann an professionelle Helfer vermitteln zu können (Anhang J, S. 132 - 133).

Die nachfolgende Tabelle (Tabelle 1) zeigt, mit welchen anderen Personengruppen die ehrenamtlichen Helfer zusammenarbeiten müssen. Hierbei wird zwischen anderen ehrenamtlichen und professionellen Helfern unterschieden. Die Zusammenarbeit sollte stets wertschätzend sein, und es sollte ein offener Umgang untereinander herrschen. Dies wird durch eine hohe Transparenz auf beiden Seiten geschaffen (Anhang H, S. 117). Nur so kann eine vertrauensvolle und schnelle Zusammenarbeit zwischen ehrenamtlichen und professionellen Helfern entstehen (Anhang I, S. 126).

Tabelle 1: Personengruppen, mit denen ehrenamtliche Helfer zusammenarbeiten

Andere ehrenamtliche Helfer	Professionelle Helfer
Paten (Anhang I, S. 126; Anhang J, S. 132)	Mitarbeiter der Stadt (Anhang G, S. 112; Anhang I, S. 126; Anhang J, S. 132)
Kümmerer (Anhang I, S. 126; Anhang J, S. 132)	Mitarbeiter des Deutschen Roten Kreuzes (Anhang G, S. 112)
kirchliche Mitarbeiter (Anhang G, S. 112; Anhang I, S. 126)	kirchliche Mitarbeiter (Anhang G, S. 112; Anhang I, S. 126)
Koordinatoren für ehrenamtliche Helfer (Anhang G, S. 112)	Koordinatoren für ehrenamtliche Helfer (Anhang G, S. 112)
Dolmetscher (Anhang I, S. 126)	Dolmetscher (Anhang I, S. 126)
Der Leiter des „Arbeitskreises Asyl" (Anhang I, S. 124; Anhang J, S. 132)	Sozialarbeiter (Anhang G, S. 112; Anhang I, S. 125; Anhang J, S. 132)
	Mitarbeiter der Diakonie (Anhang G, S. 112; Anhang I, S. 126)
	Mitarbeiter der Caritas (Anhang G, S. 112; Anhang I, S. 126)
	Ärzte (Anhang I, S. 126; Anhang J, S. 132)
	Psychologen (Anhang I, S. 126)
	Anwälte (Anhang I, S. 126)
	Handwerker (Anhang I, S. 126)
	Immobilienmanagementmitarbeiter (Anhang J, S. 132)
	Mitarbeiter der Stadtwerke (Anhang J, S. 132)
	Mitarbeiter der Sparkasse (Anhang J, S. 132)
	Mitarbeiter von Möbeltransportunternehmen (Anhang J, S. 132)
	Mitarbeiter des Arbeitsamtes (Anhang J, S. 132)
	Mitarbeiter des BAMF (Anhang J, S. 132)

Von besonderer Bedeutung ist die weitere Betreuung der ehrenamtlichen Helfer. Wie sich diese gestalten lässt und was im Rahmen dessen wichtig ist, erläutert das nachfolgende Kapitel.

6.6 Weitere Betreuung der ehrenamtlichen Hilfskräfte

Ehrenamtliche betonen immer wieder, dass sie sich ohne die Hilfe und Unterstützung von professionellen Helfern überfordert gefühlt hätten. Es wäre fatal, den Schluss zu ziehen, an dieser Stelle professionelle Helfer einzusparen. Genau das Gegenteil muss gewährleistet werden, denn nur durch eine Aufstockung der Zahl von professionellen Helfern ist eine gute Begleitung von ehrenamtlichen Helfern möglich und sinnvoll (Frieters-Reermann & Neuss, 2016, S. 108 - 109).

Ein Projekt des Deutschen Kinderschutzbundes in Hamburg betreut die ehrenamtlichen Helfer nach einer Schulung in ihrer Aufgabe als Paten weiter. Dazu finden einmal im Monat Patentreffen statt, wo beispielsweise Fragen geklärt oder auch schwierige Situationen reflektiert werden können. In Hamburg beraten und helfen sich die Paten untereinander. Treten jedoch spezifische Probleme oder Fragen auf, so werden zu den betreffenden Themen Experten eingeladen, die Kurzvorträge dazu halten. Während der Patentreffen ist immer ein Mitglied des Deutschen Kinderschutzbundes anwesend, das die Gespräche moderiert und ggf. auch für Einzelgespräche bereitsteht (Straube, 2016, S. 17).

Auch Han-Broich ist der Ansicht, dass für die ehrenamtlichen Helfer regelmäßige Treffen zum Austausch und zur Begleitung ihrer Arbeit stattfinden sollten. Außerdem sollte ihnen Arbeitsmaterial zur Verfügung gestellt werden, und es wäre gut, wenn es kostenlose Weiterbildungen oder Schulungen gäbe (Han-Broich, 2012, S. 201). Die Teilnahme an Fort- und Weiterbildungen hält die Motivation aufrecht und sorgt dafür, dass sich der Ehrenamtler mit seiner Tätigkeit identifiziert (Han-Broich, 2012, S. 205).

Durch regelmäßigen Kontakt untereinander entstehen Offenheit und auch Vertrauen. Dazu kann in Problemsituationen z.B. der Leiter telefonisch kontaktiert werden, oder es könnte eine offene Sprechstunde geben. Ansonsten sollte es bei den begleitenden Treffen die Möglichkeit geben, über Probleme und Konflikte zu sprechen. Bei Bedarf muss schnellstmöglich eine Mediation eingeleitet werden (Han-Broich, 2012, S. 204 - 205). Bei schwierigeren Fällen sollte eine Supervision stattfinden, damit die ehrenamtlichen Helfer die Möglichkeit haben, sich unter fachlicher Leitung über die gesammelten Erfahrungen auszutauschen. Außerdem ist im Rahmen der Supervision die Chance gegeben, über belastende Erlebnisse mit den Flüchtlingen zu sprechen (Han-Broich, 2012, S. 205).

Durch Anerkennung in Form von Dankesfeiern, Adventsfeiern oder auch einem kleinen Weihnachtsgeschenk am Ende des Jahres kann man sich bei den ehrenamtlichen Helfern bedanken. Auch Presseauftritte oder das Verleihen von Urkunden sind geeignete Formen der Anerkennung. Dies wird von den Ehrenamtlern sehr positiv aufgefasst und fördert die Motivation zu weiterem Engagement (Han-Broich, 2012, S. 44 - 45, 200, 206).

Wünschenswert wäre, eine Fahrtkostenerstattung für die ehrenamtlichen Helfer zu gewähren (Han-Broich, 2012, S. 205), welches auch der Leiter des „Arbeitskreises Asyl" in ähnlicher Form beschreibt. Er möchte, dass Fahrtkosten für das Ehrenamt steuerlich geltend gemacht werden können (Anhang I, S. 125).

Genau wie Frieters-Reermann und Neuss (2016, S. 108 - 109) und auch Straube (2016, S. 17) der Meinung sind, dass es im Rahmen der ehrenamtlichen Tätigkeit eine weiter fortbestehende Betreuung geben sollte, sehen das auch die Leiter der Erstaufnahmestelle, der Leiter des „Arbeitskreises Asyl" und die Kümmerer. So nennen die Leiter der Erstaufnahmestelle die Begleitung der ehrenamtlichen Helfer an erster Stelle (Anhang F, S. 108). Der Leiter des „Arbeitskreises Asyl" äußert, dass es in seiner Stadt regelmäßige Treffen der einzelnen Helferkreise gibt und dass sich alle Interessierten einmal im Monat beim „Arbeitskreis Asyl" treffen. Da werden zum einen Informationen bekanntgegeben, und zum anderen findet ein Erfahrungsaustausch statt (Anhang I, S. 124). Außerdem benennt der Leiter des Arbeitskreises die Möglichkeit, ihn zu benachrichtigen, wenn es Probleme gibt. Des Weiteren haben die Helfer die Chance, einen Ansprechpartner von der Kirche zu erreichen und an einer Asylverfahrensberatung oder einer Rechtsberatung teil zu nehmen (Anhang I, S. 124).

Die von Han-Broich (2012, S. 205) als sinnvoll erachtete Supervision wird ebenfalls vom Leiter des „Arbeitskreises Asyl" als eine Möglichkeit der weiteren Betreuung genannt (Anhang I, S. 124 - 125). Und auch die Kümmerer wünschen sich, einmal an einer Supervision teilnehmen zu können, um eigene Frustrationen abzubauen (Anhang J, S. 130).

Die Kümmerer vermissten im Rahmen der „weiteren Betreuung" Informationen dazu, wie man sich selbst abgrenzen kann oder wie man Selbstfürsorge betreibt (Anhang J, S. 129). Das nächste Kapitel geht darauf ein, wie mit den hier dargestellten Schulungsinhalten weiter gearbeitet werden kann.

7 Fazit und Ausblick

Zusammenfassend lässt sich sagen, dass eine Schulung der ehrenamtlichen Hilfskräfte sinnvoll ist und größtenteils auch gewünscht wird. Bis jetzt (Sommer 2016) laufen nur einzelne Schulungen oder Fort- und Weiterbildungen für ehrenamtliche Helfer in der Flüchtlingsarbeit unterschiedlich gut geplant und strukturiert. Aufgrund von fehlendem professionellen Personal und dem hohen Andrang an Flüchtlingen sind Kommunen, Länder und der Bund auf die Unterstützung von ehrenamtlichen Helfern in der Flüchtlingsarbeit angewiesen (Löhlein, 2015, S. 297; Popp, 2015, S. 23). Unter den Ehrenamtlern ist jede Altersgruppe vertreten (Foroutan, 2015, S. 284). Die meisten bringen gute Grundvoraussetzungen mit wie beispielsweise Spaß an zwischenmenschlichen Begegnungen auf Augenhöhe und Offenheit gegenüber anderen Menschen (Straube, 2016, S. 17).

Die ehrenamtlichen Helfer möchten die Flüchtlinge unterstützen und ihnen gute Startchancen in Deutschland bieten (Han-Broich, 2012, S. 83 - 84). Der interviewte Leiter des „Arbeitskreises Asyl" ist der Ansicht, dass nur durch die Unterstützung und das Engagement der Ehrenamtler die Integration in die Aufnahmegesellschaft gelingen kann (Anhang I, S. 124). Dies ist wichtig, da die Flüchtlinge so Vertrauenspersonen haben, die sie über die ersten Wochen hinaus begleiten und für Fragen bereitstehen (Moser, 2015, S. 535).

Da den ehrenamtlichen Helfern hier eine sehr große Verantwortung übertragen wird und sie sich mehrere Stunden pro Woche unentgeltlich für diese Tätigkeit einsetzen, ist es wichtig, ihnen die benötigten Informationen zu vermitteln, um bestmöglich agieren zu können. Die Teilnahme an den kostenlosen Schulungen bringt den Helfern gleichzeitig Wertschätzung für ihr Engagement entgegen. Gut wäre es, wenn im Rahmen der Schulung bereits Kontakte zu professionellen Helfern hergestellt werden könnten. So wissen die Ehrenamtler, an wen sie sich bei Bedarf wenden können. Gleichzeitig ist die Hemmschwelle niedriger, jemanden zu kontaktieren, den man bereits persönlich kennt, als jemand Fremdes.

Es wäre fatal, den Schluss zu ziehen, dass man durch die Ehrenamtlichen professionelle Helfer und dadurch dann finanzielle Mittel einsparen könnte. Genau das Gegenteil ist der Fall. Es müssen mehr Stellen für professionelle Helfer geschaffen werden, um eine gute Ausbildung und Begleitung der Ehrenamtler zu gewährleisten. Immer wieder äußern ehrenamtliche Helfer, dass sie sich ohne die Unterstützung von professionellen Helfern überfordert gefühlt hätten (Frieters-Reermann & Neuss, 2016, S. 108 - 109).

Von besonderer Bedeutung ist eine über die Schulung hinausgehende Betreuung der Ehrenamtler, da sie nur so ihre Arbeit gut machen und sich selbst schützen können. Dazu sollte es regelmäßige Treffen, ca. einmal im Monat, vor Ort geben, in deren Rahmen Fragen gestellt und geklärt und erlebte Situationen reflektiert werden können. Wenn die ehrenamtlichen Helfer vertiefende Informationen zu einem bestimmten Arbeitsbereich wünschen, so könnte man Referenten zu einem Treffen einladen, die Informationen zu den gewünschten Inhalten liefern (Straube, 2016, S. 17). Dies hält die Motivation der Helfer aufrecht und führt dazu, dass sie sich mit ihrer Arbeit identifizieren können (Han-Broich, 2012, S. 205). Darüber hinaus sollten den Ehrenamtlern Arbeitsmaterialien kostenlos zur Verfügung gestellt werden (Han-Broich, 2012, S. 201). Durch die regelmäßigen Treffen kann gegenseitiges Vertrauen geschaffen werden. Hilfreich ist es außerdem, wenn die ehrenamtlichen Helfer eine Notfallnummer bekommen, unter der sie bei Bedarf Unterstützung erhalten (Han-Broich, 2012, S. 204 - 205).

Um den Ehrenamtlern für ihr Engagement Anerkennung entgegen zu bringen, wäre es gut, wenn es eine Dankes- oder Adventsfeier gäbe. Genauso gut könnte man den ehrenamtlichen Helfern kleine Geschenke oder Urkunden als Zeichen der Anerkennung überreichen. Auch Pressemitteilungen über die ehrenamtliche Tätigkeit fördern die Motivation und bringen dem Helfer Wertschätzung entgegen (Han-Broich, 2012, S. 44 - 45, 200, 206).

Die vorliegende theoretisch erarbeitete Schulung ist zunächst eine Grundlage, um eine Schulung für ehrenamtliche Helfer praktisch durchzuführen. Im Anschluss daran müssten die Inhalte der Erarbeitung evaluiert und überprüft werden. Dabei müssten einzelne Inhalte vermutlich überarbeitet und ggf. noch ergänzt werden. Da die praktische Umsetzung des Konzeptes und eine anschließende Evaluation den Rahmen der Arbeit gesprengt hätten, bleibt es hier bei den theoretischen Ausarbeitungen.

8 Literaturverzeichnis

Alexander, J. E., Beagle, C. J., Butler, P., Dougherty, D. A., Andrews Robards, K. D. & Velotta, C. (1992). Madeleine Leininger. Theorie der kulturellen Pflege. In A. Marri-ner-Tomey (Hrsg.). *Pflegetheoretikerinnen und ihr Werk.* (S. 229 - S. 255). Basel: Friedrich Reinnhardt.

Amjahid, M. (2015). Die Kraft der Bilder. Dir Kehrseite der Willkommenskultur. In A. Reschke (Hrsg.), *Und das ist erst der Anfang. Deutschland und die Flüchtlinge* (S. 99 - 109). Reinbek: Rowohlt.

Amnesty International. (18.08.2016). Schwere Folter in Syrischen Gefängnissen. Verfüg-bar unter: http://www.amnesty.de/2016/8/18/schwere-folter-syrischen-gefaengnis-sen?destination=suche%3Fwords%3Dfolter%2Bsyrien%26search_x%3D0%26sear ch_y%3D0%26form_id%3Dai_search_form_block [29.08.2016]

Antonovsky, A. (1997). *Salutogenese Zur Entmystifizierung der Gesundheit.* A. Franke (Hrsg. der deutschen Ausgabe). Tübingen: Deutsche Gesellschaft für Verhal-tenstherapie.

Auswärtiges Amt (04.08.2016). Schengener Übereinkommen. Verfügbar unter: http://www.auswaertiges-amt.de/DE/EinreiseUndAufenthalt/Schengen_node.html [01.09.2016]

Backhaus, A. (02.05.2016). Lieber zu Hause sterben als in die Fremde fliehen. Verfügbar unter: http://www.zeit.de/politik/ausland/2016-05/aleppo-bombardierung-bericht [31.08.2016]

Beck, M. (2000). Grußworte und Statements. Beauftragte der Bundesregierung für Aus-länderfragen. In J. Gardemann, W. Müller & A. Remmers (Hrsg.), *Migration und Ge-sundheit: Perspektiven für Gesundheitssysteme und öffentliches Gesundheitswe-sen. 23. bis 25.3.2000, Hildesheim* (S. 17 - 19). Düsseldorf: Akademie für öffentli-ches Gesundheitswesen.

Beermann, M. (07.11.2015). Die wichtigsten Fluchtursachen - und was man dagegen tun kann. *Ruhr Nachrichten, Schwerter Zeitung, Themen des Tages,* S. 4 - 5.

Bengel, J., Strittmatter, R. & Willmann, H. (2001). Was erhält Menschen gesund? Antono-vskys Modell der Salutogenese. Diskussionsstand und Stellenwert. In Bundeszen-trale für gesundheitliche Aufklärung (Hrsg.), *Forschung und Praxis der Gesundheits-förderung, Bd. 6* (S. 1 – 173). Köln: Bundeszentrale für gesundheitliche Aufklärung.

Berkenbusch, P. (13.02.2015). Geschichte ist Nebensache. Arbeitskreis Asyl kümmert sich um 21 Männer aus fünf Ländern. *Ruhr Nachrichten, Schwerter Zeitung, Schwerter Teil*, S. 3.

Biehl, M. (2016). Schutz oder Bollwerk?. „Ein feste Burg" ist nur für manche gut. In Evangelisches Missionswerk in Deutschland & Verband evangelischer Missionskonferenzen (Hrsg.), *Zuflucht Europa. Wenn aus Fremden Nachbarn werden* (S. 12 - 18). Hamburg: Missionshilfe.

Böhm, A. (09.03.2016). Sie demonstrieren wieder. Verfügbar unter: http://www.zeit.de/politik/ausland/2016-03/syrien-waffenruhe-friedensverhandlungen-genf-opposition-proteste [31.08.2016]

Borri, F. (02.06.2016). Du wartest und stirbst in Aleppo. Verfügbar unter: http://www.zeit.de/politik/ausland/2016-05/syrien-krieg-journalismus [31.08.2016]

Brandrup-Lukanow, A. (2000). Grußworte und Statements. WHO Regionalbüro für Europa. In J. Gardemann, W. Müller & A. Remmers (Hrsg.), *Migration und Gesundheit: Perspektiven für Gesundheitssysteme und öffentliches Gesundheitswesen. 23. bis 25.3.2000, Hildesheim* (S. 13 - 16). Düsseldorf: Akademie für öffentliches Gesundheitswesen.

Brucks, U. (1998). Salutogenese. Der nächstmögliche Schritt in der Entwicklung medizinischen Denkens?. In W. Schüffel, U. Brucks, R. Johnen, V. Köllner, F. Lamprecht & U. Schnyder (Hrsg.), *Handbuch der Salutogenese* (S. 23 - 36). Wiesbaden: Ullstein Medical.

Buchen, S. (2015). Die Schlepper und die Bauernfänger. Der Kampf gegen die Schleuser ist nur eine Scheinlösung. In A. Reschke (Hrsg.), *Und das ist erst der Anfang. Deutschland und die Flüchtlinge* (S. 118 - 139). Reinbek: Rowohlt.

Bühlmann, R. & Stauffer, Y. (2015). Bedeutung der Kommunikation in der transkulturellen Pflege. In D. Domenig (Hrsg.). *Transkulturelle Kompetenz. Lehrbuch für Pflege-, Gesundheits- und Sozialberufe* (2. Aufl., S. 275 - 285). Bern: Huber.

Bundesamt für Migration und Flüchtlinge (18.09.2012). Ansprechpartner. Verfügbar unter: http://www.bamf.de/DE/Willkommen/Aufenthalt/Ansprechpartner/ansprechpartner-node.html [18.08.2016]

Bundesamt für Migration und Flüchtlinge (24.11.2015a). Integrationskurse für Asylbewerber. Verfügbar unter: http://www.bamf.de/DE/Willkommen/DeutschLernen/IntegrationskurseAsylbewerber/integrationskurseasylbewerber-node.html [18.08.2016]

Bundesamt für Migration und Flüchtlinge (01.01.2015b). Aufenthalt in Deutschland. Verfügbar unter:
http://www.bamf.de/DE/Willkommen/Aufenthalt/WichtigeInformationen/wichtigeinfor
mationen-node.html [18.08.2016]

Bundesamt für Migration und Flüchtlinge (28.10.2015c). Beratung für Erwachsene. Verfügbar unter:
http://www.bamf.de/DE/Willkommen/InformationBeratung/ErwachseneBeratung/erw
achseneberatung-node.html [18.08.2016]

Bundesamt für Migration und Flüchtlinge (01.08.2016). Ablauf des Asylverfahrens. Verfügbar unter:
http://www.bamf.de/DE/Fluechtlingsschutz/AblaufAsylverfahren/AnkunftUndRegistri
erung/ankunft-und-registrierung-node.html [18.08.2016]

Bundesministerium der Justiz und für Verbraucherschutz (16.07.1982). Asylgesetz
(AsylG). Verfügbar unter: https://www.gesetze-im-internet.de/asylvfg_1992/
[18.08.2016]

Bundesministerium der Justiz und für Verbraucherschutz (30.06.1993). Asylbewerberleistungsgesetz (AsylbLG). Verfügbar unter: https://www.gesetze-im-
internet.de/asylblg/BJNR107410993.html [18.08.2016]

Bundesministerium der Justiz und für Verbraucherschutz (25.02.2008). Gesetz über den
Aufenthalt, die Erwerbstätigkeit und die Integration von Ausländern im Bundesgebiet
(Aufenthaltsgesetz - AufenthG). Verfügbar unter: http://www.gesetze-im-
inter-
net.de/aufenthg_2004/BJNR195010004.html#BJNR195010004BJNG000101310
[18.08.2016]

Dahn, D. (2015). Der Schnee von gestern ist die Flut von heute. Die historische Verantwortung des Westens für die Flüchtlinge. In A. Reschke (Hrsg.), *Und das ist erst der
Anfang. Deutschland und die Flüchtlinge* (S. 81 - 96). Reinbek: Rowohlt.

Deutscher Bundestag. (29.06.2009). Grundgesetz. Verfügbar unter:
https://www.bundestag.de/bundestag/aufgaben/rechtsgrundlagen/grundgesetz/gg_0
1/245122 [09.08.2016]

Die Bundesregierung, (08.08.2016). Gesetz in Kraft getreten. Integrationsgesetz setzt auf
Fördern und Fordern. Verfügbar unter:
https://www.bundesregierung.de/Content/DE/Artikel/2016/08/2016-08-05-
integrationsgesetz.html [02.09.2016]

Domenig, D. (2015). Das Konzept der transkulturellen Kompetenz. In D. Domenig (Hrsg.). *Transkulturelle Kompetenz. Lehrbuch für Pflege-, Gesundheits- und Sozialberufe* (2. Aufl., S. 165 - 189). Bern: Huber.

Domenig, D., Stauffer, Y. & Georg, J. (2015). Transkulturelle Pflegeanamnese. In D. Domenig (Hrsg.). *Transkulturelle Kompetenz. Lehrbuch für Pflege-, Gesundheits- und Sozialberufe* (2. Aufl., S. 165 - 189). Bern: Huber.

Düsenberg, S. (2016). „Deutschland gut". *Kinderschutz Aktuell. Wir schaffen das!*, kein *Jahrgang,* 8 - 10.

Ehrhardt, C. (19.08.2016). „Wir wollen Hilfe nicht zur politischen Waffe machen". Verfügbar unter: http://www.faz.net/aktuell/politik/ausland/naher-osten/un-welternaehrungsprogramm-in-syrien-14395001.html [31.08.2016]

Endres de Oliveira, P. (2015). Schutz oder Abwehr? Die Entwicklung des Asylrechts in der EU. In A. Reschke (Hrsg.), *Und das ist erst der Anfang. Deutschland und die Flüchtlinge* (S. 251 - 261). Reinbek: Rowohlt.

Europäischer Rat. (18.07.2016). Zeitliche Übersicht. Reaktion auf den Migrationsdruck. Verfügbar unter: http://www.consilium.europa.eu/de/policies/migratory-pressures/history-migratory-pressures/ [02.09.2016]

Fahlbusch, E., Lochman, J. M., Mbiti, J. Pelikan, J. & Vischer, L. (1996). *Evangelisches Kirchenlexikon. Internationale theologische Enzyklopädie* (Band 4, S. 616 - 619). (3. Auflage). Göttingen: Vandenhoeck & Ruprecht.

Flüchtlinge – Asylbewerber: Ihre Rechte in Deutschland. (19.10.2014). *Unsere Kirche Nr. 43, Hintergrund,* S. 5.

Foroutan, N. (2015). Ein neues Leitbild für Deutschland. Pluralität als gesellschaftliche Aufgabe für die Zukunft. In A. Reschke (Hrsg.), *Und das ist erst der Anfang. Deutschland und die Flüchtlinge* (S. 283 - 293). Reinbek: Rowohlt.

Frieters-Reermann, N. & Neuss, B. (2016). Patenprojekt >>Aachener Hände<<. Flucht als Herausforderung für Soziale Arbeit. In Evangelisches Missionswerk in Deutschland & Verband evangelischer Missionskonferenzen (Hrsg.), *Zuflucht Europa. Wenn aus Fremden Nachbarn werden* (S. 103 - 109). Hamburg: Missionshilfe.

Gehlen, M. (17.05.2016). Eskalation oder Frieden?. Verfügbar unter: http://www.zeit.de/politik/ausland/2016-05/syrien-krieg-genf-friedensgespraeche-buergerkrieg-waffenruhe [31.08.2016]

Gensing, P. (2015). <<Die Volksfront von rechts>>. Vom Netz auf die Straße und zurück. Wie NPD, AfD und Co sich radikalisieren. In A. Reschke (Hrsg.), *Und das ist erst der Anfang. Deutschland und die Flüchtlinge* (S. 218 - 235). Reinbek: Rowohlt.

Gillen, G. (2015a). Warum? Woher? Wohin? Menschen auf der Flucht. Ein erster Überblick. In A. Reschke (Hrsg.), *Und das ist erst der Anfang. Deutschland und die Flüchtlinge* (S. 41 - 54). Reinbek: Rowohlt.

Gillen, G. (2015b). Wo beginnt die Festung Europa?. Eine Reise durch Köpfe und Kontinente. In A. Reschke (Hrsg.), *Und das ist erst der Anfang. Deutschland und die Flüchtlinge* (S. 166 - 184). Reinbek: Rowohlt.

Graf, P. & Spengler, M. (2000). *Leitbild- und Konzeptentwicklung.* (3. Auflage). Augsburg: ZIEL.

Grieger, D. & Geiger, I (2000). Beiträge der Sektoren der gesundheitlichen Versorgung und Betreuung. Zielsetzung des Bundesweiten Arbeitskreises Migration und öffentliche Gesundheit. In J. Gardemann, W. Müller & A. Remmers (Hrsg.), *Migration und Gesundheit: Perspektiven für Gesundheitssysteme und öffentliches Gesundheitswesen. 23. bis 25.3.2000, Hildesheim* (S. 80 - 85). Düsseldorf: Akademie für öffentliches Gesundheitswesen.

Haasen, C. (2015). Psychische Störungen im Migrationskontext. In D. Domenig (Hrsg.). *Transkulturelle Kompetenz. Lehrbuch für Pflege-, Gesundheits- und Sozialberufe* (2. Aufl., S. 487 - 502). Bern: Huber.

Habermann, M. (2000). Beiträge der Sektoren der gesundheitlichen Versorgung und Betreuung. Der Betrag der Pflege zur Verbesserung der gesundheitlichen Versorgung der Migranten und Migrantinnen in der Bundesrepublik Deutschland. In J. Gardemann, W. Müller & A. Remmers (Hrsg.), *Migration und Gesundheit: Perspektiven für Gesundheitssysteme und öffentliches Gesundheitswesen. 23. bis 25.3.2000, Hildesheim* (S. 73 - 79). Düsseldorf: Akademie für öffentliches Gesundheitswesen.

Han-Broich, M. (2012). *Ehrenamt und Integration. Die Bedeutung sozialen Engagements in der (Flüchtlings-)Sozialarbeit.* Wiesbaden: Springer.

Hax-Schoppenhorst, T. & Jünger, S. (2010). *Seelische Gesundheit von Menschen mit Migrationshintergrund. Wegweiser für Pflegende.* Stuttgart: Kohlhammer.

Helberg, K. (2015). Syrien ein Land in Auflösung. In A. Reschke (Hrsg.), *Und das ist erst der Anfang. Deutschland und die Flüchtlinge* (S. 55 - 70). Reinbek: Rowohlt.

Hödl, S. (2015). Jung, alleine und traumatisiert. Kinder und Jugendliche auf der Flucht brauchen besonderen Schutz. In A. Reschke (Hrsg.), *Und das ist erst der Anfang. Deutschland und die Flüchtlinge* (S. 154 - 160). Reinbek: Rowohlt.

Institut für Arbeitsmarkt- und Bildungsforschung. (2016). *Geflüchtete Menschen in Deutschland: Eine qualitative Befragung.* Nürnberg: Institut für Arbeitsmarkt- und Bildungsforschung.

Johns, C. (2004). *Selbstreflexion in der Pflegepraxis. Gemeinsam aus Erfahrungen lernen.* M. Poser & P. Muijsers (Hrsg. der deutschen Ausgabe) Bern: Hans Huber. (Original erschienen 2000: Becoming a Reflective Practitioner)

Jordan, A. (2000). Grußworte und Statements. Staatssekretär im Bundesgesundheitsministerium. In J. Gardemann, W. Müller & A. Remmers (Hrsg.), *Migration und Gesundheit: Perspektiven für Gesundheitssysteme und öffentliches Gesundheitswesen. 23. bis 25.3.2000, Hildesheim* (S. 20 - 27). Düsseldorf: Akademie für öffentliches Gesundheitswesen.

Kazim, H. (2015). <<Für eine Flucht nach Europa fehlt uns das Geld. Und der Mut>>. Nirgendwo leben so viele Flüchtlinge wie in der Türkei. In A. Reschke (Hrsg.), *Und das ist erst der Anfang. Deutschland und die Flüchtlinge* (S. 110 - 117). Reinbek: Rowohlt.

Köttgen, C. (2000). Prävention für Kinder und Jugendliche. Kinder von Migranten. In J. Gardemann, W. Müller & A. Remmers (Hrsg.), *Migration und Gesundheit: Perspektiven für Gesundheitssysteme und öffentliches Gesundheitswesen. 23. bis 25.3.2000, Hildesheim* (S. 147 - 157). Düsseldorf: Akademie für öffentliches Gesundheitswesen.

Kühntopp, C. (16.08.2016). "Die gefährlichste Stadt der Welt". Verfügbar unter: https://www.tagesschau.de/ausland/weisshelme-aleppo-101.html [Zugriff: 31.08.2016]

Lenthe, U. (2016). *Transkulturelle Pflege Kulturspezifische Faktoren erkennen – verstehen – integrieren.* (2. Auflage). Wien: Facultas.

Lettau, N. (2000). Beiträge der Sektoren der gesundheitlichen Versorgung und Betreuung. Öffentlicher Gesundheitsdienst. In J. Gardemann, W. Müller & A. Remmers (Hrsg.), *Migration und Gesundheit: Perspektiven für Gesundheitssysteme und öffentliches Gesundheitswesen. 23. bis 25.3.2000, Hildesheim* (S. 67 - 72). Düsseldorf: Akademie für öffentliches Gesundheitswesen.

Löhlein, H. (2015). Was jetzt zu tun ist!. Einige konkrete Vorschläge aus der Sicht der Praxis. In A. Reschke (Hrsg.), *Und das ist erst der Anfang. Deutschland und die Flüchtlinge* (S. 294 - 309). Reinbek: Rowohlt.

Loncarevic, M. (2015). Migration und Gesundheit. In D. Domenig (Hrsg.). *Transkulturelle Kompetenz. Lehrbuch für Pflege-, Gesundheits- und Sozialberufe* (2. Aufl., S. 139 - 161). Bern: Huber.

Maoz, B. (1998). Salutogenese. Geschichte und Wirkung einer Idee. In W. Schüffel, U. Brucks, R. Johnen, V. Köllner, F. Lamprecht & U. Schnyder (Hrsg.), *Handbuch der Salutogenese* (S. 13 - 22). Wiesbaden: Ullstein Medical.

Marschalck, P. (2000). Gesundheit und gesundheitliche Problemlagen unterschiedlicher Migrantengruppen. Öffentliche Gesundheitspflege und die Einwanderung: >Gastarbeiter<, Aussiedler und Flüchtlinge in Deutschland. In J. Gardemann, W. Müller & A. Remmers (Hrsg.), *Migration und Gesundheit: Perspektiven für Gesundheitssysteme und öffentliches Gesundheitswesen. 23. bis 25.3.2000, Hildesheim* (S. 29 - 42). Düsseldorf: Akademie für öffentliches Gesundheitswesen.

Mediendienst Integration. (August 2016). Syrische Flüchtlinge. Verfügbar unter: https://mediendienst-integration.de/migration/flucht-asyl/syrische-fluechtlinge.html [02.09.2016]

Meyers Lexikonredaktion (Hrsg.). (1999). In *Meyers großes Taschenlexikon. In 25 Bänden* (Band 12, S. 144). (7. Auflage). Mannheim: Meyers Lexikonredaktion.

Meyers Lexikonredaktion (Hrsg.). (2003). In *Meyers großes Taschenlexikon. In 26 Bänden* (Band 22, S. 7357 - 7360). (9. Auflage). Mannheim: Meyers Lexikonredaktion.

Moser, C. (2015). Traumatisierung bei MigrantInnen mit Folter- und Kriegserfahrungen. In D. Domenig (Hrsg.). *Transkulturelle Kompetenz. Lehrbuch für Pflege-, Gesundheits- und Sozialberufe* (2. Aufl., S. 517 - 540). Bern: Huber.

Müller, P. (2015). Organisierte Verantwortungslosigkeit. Die EU und die Flüchtlinge. In A. Reschke (Hrsg.), *Und das ist erst der Anfang. Deutschland und die Flüchtlinge* (S. 262 - 274). Reinbek: Rowohlt.

Münkler, H. (2015). Die Satten und die Hungrigen. Die jüngste Migrationswelle und ihre Folgen für Deutschland und Europa. In A. Reschke (Hrsg.), *Und das ist erst der Anfang. Deutschland und die Flüchtlinge* (S. 187 - 201). Reinbek: Rowohlt.

Naso, P. (2016). Wendepunkt Lampedusa 2013. Protestanten in Italien aktiv auf allen Ebenen. In Evangelisches Missionswerk in Deutschland & Verband evangelischer Missionskonferenzen (Hrsg.), *Zuflucht Europa. Wenn aus Fremden Nachbarn werden* (S. 54 - 60). Hamburg: Missionshilfe.

Nitschke-Özbay, H. (2000). Infektionsschutz und STD. Sexuell übertragbare Infektionen im Einwanderungsland Deutschland. In J. Gardemann, W. Müller & A. Remmers (Hrsg.), *Migration und Gesundheit: Perspektiven für Gesundheitssysteme und öffentliches Gesundheitswesen. 23. bis 25.3.2000, Hildesheim* (S. 118 - 125). Düsseldorf: Akademie für öffentliches Gesundheitswesen.

Nyfeler, D. (2015). Krisenintervention im Migrationskontext. In D. Domenig (Hrsg.). *Transkulturelle Kompetenz. Lehrbuch für Pflege-, Gesundheits- und Sozialberufe* (2. Aufl., S. 503 - 516). Bern: Huber.

Oltmer, J. (2015). Schutz für Flüchtlinge in der Bundesrepublik Deutschland. Der Blick zurück. In A. Reschke (Hrsg.), *Und das ist erst der Anfang. Deutschland und die Flüchtlinge* (S. 202 - 217). Reinbek: Rowohlt.

Passarelli, A. (2016). Europa noch immer eine Festung. Migration als europäisches Phänomen nimmt zu. In Evangelisches Missionswerk in Deutschland & Verband evangelischer Missionskonferenzen (Hrsg.), *Zuflucht Europa. Wenn aus Fremden Nachbarn werden* (S. 44 - 53). Hamburg: Missionshilfe.

Popp, M. (2015). <<Refugees Welcome!>>. . .?. Protokoll einer Zäsur. In A. Reschke (Hrsg.), *Und das ist erst der Anfang. Deutschland und die Flüchtlinge* (S. 16 - 27). Reinbek: Rowohlt.

Poser, M. (2014). Rahmenmodell von Gesundheit: das Konzept der Salutogenese von Aaron Antonovsky. In Fachhochschule Münster, Fachbereich Pflege und Gesundheit (Hrsg.), *Studienbrief 1-2014 Grundlagen der Pflege A Gesundheitsförderung Pflegerische Assessmentverfahren* (S. A-4 - A-15). Münster: Fachbereich Pflege und Gesundheit der Fachhochschule Münster.

Posner-Landsch, M. (2000). Kommunikation, Kultur und Sprache. Kommunikation, Kultur und Sprache. In J. Gardemann, W. Müller & A. Remmers (Hrsg.), *Migration und Gesundheit: Perspektiven für Gesundheitssysteme und öffentliches Gesundheitswesen. 23. bis 25.3.2000, Hildesheim* (S. 106 - 107). Düsseldorf: Akademie für öffentliches Gesundheitswesen.

Reschke, A. (2015). Und das ist erst der Anfang. In A. Reschke (Hrsg.), *Und das ist erst der Anfang. Deutschland und die Flüchtlinge* (S. 9 - 15). Reinbek: Rowohlt.

Sack, M. & Lamprecht, F. (1998). Forschungsaspekte zum „Sense of Coherence". In W. Schüffel, U. Brucks, R. Johnen, V. Köllner, F. Lamprecht & U. Schnyder (Hrsg.), *Handbuch der Salutogenese* (S. 326 - 336). Wiesbaden: Ullstein Medical.

Salman, R. (2000). Kommunikation, Kultur und Sprache. Der Einsatz von (Gemeinde-) Dolmetschern im Gesundheitswesen als Beitrag zur Integration. In J. Gardemann, W. Müller & A. Remmers (Hrsg.), *Migration und Gesundheit: Perspektiven für Gesundheitssysteme und öffentliches Gesundheitswesen. 23. bis 25.3.2000, Hildesheim* (S. 89 - 105). Düsseldorf: Akademie für öffentliches Gesundheitswesen.

Schmacke, N. (2000). Beiträge der Sektoren der gesundheitlichen Versorgung und Betreuung. Migration und Gesundheit: Die Perspektive der Gesetzlichen Krankenversicherung. In J. Gardemann, W. Müller & A. Remmers (Hrsg.), *Migration und Gesundheit: Perspektiven für Gesundheitssysteme und öffentliches Gesundheitswesen. 23. bis 25.3.2000, Hildesheim* (S. 57 - 66). Düsseldorf: Akademie für öffentliches Gesundheitswesen.

Schmollack, S. (2015). Nach der Angst ist vor der Angst. Frauen auf der Flucht sind Gefahren, Gewalt und Vergewaltigung ausgesetzt. In A. Reschke (Hrsg.), *Und das ist erst der Anfang. Deutschland und die Flüchtlinge* (S. 147 - 153). Reinbek: Rowohlt.

Schöninger, V. & Haßelbusch, M. (2016). „Von A bis Z". *Kinderschutz Aktuell. Wir schaffen das!*, kein *Jahrgang*, 6 - 7.

Schulze Zumhülsen, H. (19.03.2016). „Es geht nur Schritt für Schritt". Einblicke in die Arbeit des Arbeitskreises Asyl in Unterkünften in Villigst und Schwerte-Ost. *Ruhr Nachrichten, Schwerter Zeitung, Schwerter Teil*, S. 5.

Sonnenmoser, M. (2013). Psychologische Erste Hilfe. Traumatisierung wird vorgebeugt. Deutsches Ärzteblatt, 110, (7) (306 - 307)

Statista. (k.D.). Syrien: Gesamtbevölkerung von 2000 bis 2010 (in Millionen Einwohner). Verfügbar unter: http://de.statista.com/statistik/daten/studie/238122/umfrage/gesamtbevoelkerung-in-syrien/ [13.09.2016]

Stegemann, B. (03.04.2016). Die andere Hälfte der Wahrheit. Verfügbar unter: http://www.zeit.de/2016/15/fluechtlingspolitik-deutschland-angela-merkel-europa-humanitaet [02.09.2016]

Straube, C. (2016). „Ehrenamtlich, aber professionell". *Kinderschutz Aktuell. Wir schaffen das!*, kein *Jahrgang*, 17.

Straubhaar, T. (2015). Es kommen Menschen, gebt ihnen Arbeit. Ökonomische Aspekte der gegenwärtigen Flüchtlingszuwanderung. In A. Reschke (Hrsg.), *Und das ist erst der Anfang. Deutschland und die Flüchtlinge* (S. 236 - 250). Reinbek: Rowohlt.

UN-Ermittler bestätigen Giftgasangriffe in Syrien. (25.08.2016). Verfügbar unter: http://www.zeit.de/politik/ausland/2016-08/syrien-baschar-al-assad-militaer-chemiewaffen-zivilisten-un-bericht [31.08.2016]

United Nations High Commissioner for Refugees (28.07.1951). Abkommen über die Rechtsstellung der Flüchtlinge vom 28. Juli 1951 [PDF]. Verfügbar unter: http://www.unhcr.de/fileadmin/user_upload/dokumente/03_profil_begriffe/genfer_flu echtlingskonventon/Genfer_Fluechtlingskonvention_und_New_Yorker_Protokoll.pdf [18.08.2016]

Vereinte Nationen (UNO). (10.12.1984). Übereinkommen gegen Folter und andere gewaltsame, unmenschliche oder erniedrigende Behandlung oder Strafe vom 10. Dezember 1984 (BGBl. 1990 II S. 246) [PDF]. Verfügbar unter: http://www.institut-fuer-menschenrechte.de/fileadmin/user_upload/PDF-Dateien/Pakte_Konventionen/CAT/cat_de.pdf [30.06.2016]

Visser, M. & de Jong, A. (2002). *Kultursensitiv pflegen*. D. Emmrich (Hrsg. der deutschen Ausgabe). München: Urban & Fischer. (Original erschienen 1999: Cultuur en zorg. Een interculturele benadering van zorg in de verpleging)

Volkmann, F. (22.11.2014a). Fayd Allah Elaas bangt um seine Kinder im zerstörten Aleppo. *Ruhr Nachrichten, Schwerter Zeitung, Schwerter Teil*, S. 5.

Volkmann, F. (26.11.2014b). Sie kehrten Tod und Folter in der Heimat den Rücken. *Ruhr Nachrichten, Schwerter Zeitung, Schwerter Teil*, S. 4.

Volkmann, F. (11.12.2014c). Vor Gewehrkugeln und Grenzsoldaten weggelaufen. *Ruhr Nachrichten, Schwerter Zeitung, Schwerter Teil*, S. 4.

Weber, H. W. (2000). Beiträge der Sektoren der gesundheitlichen Versorgung und Betreuung. Ambulante nervenärztliche Versorgung von Migrantinnen und Migranten. In J. Gardemann, W. Müller & A. Remmers (Hrsg.), *Migration und Gesundheit: Perspektiven für Gesundheitssysteme und öffentliches Gesundheitswesen. 23. bis 25.3.2000, Hildesheim* (S. 49 - 56). Düsseldorf: Akademie für öffentliches Gesundheitswesen.

Werth, I. (2015). <<Sorry, Sir, there is no other ship>>. Die Sea-Watch und unsere Mission im Mittelmeer. In A. Reschke (Hrsg.), *Und das ist erst der Anfang. Deutschland und die Flüchtlinge* (S. 140 - 146). Reinbek: Rowohlt.

Wirtgen, W. (2009). Traumatisierte Flüchtlinge. Psychische Probleme bleiben meist uner-
kannt. Deutsches Ärzteblatt, 106 (49) (2463 - 2465)

World Health Organization (WHO). (06. - 12.09.1978). Declaration of Alma-Ata International Conference on Primary Health Care, Alma-Ata, USSR, 6 - 12 September 1978
[PDF]. Verfügbar unter:
http://www.who.int/publications/almaata_declaration_en.pdf?ua=1 [22.08.2016]

Wyes, H. W. (2000). Beiträge der Sektoren der gesundheitlichen Versorgung und Betreuung. Globalisierung, Migranten und Gesundheit. In J. Gardemann, W. Müller & A.
Remmers (Hrsg.), *Migration und Gesundheit: Perspektiven für Gesundheitssysteme
und öffentliches Gesundheitswesen. 23. bis 25.3.2000, Hildesheim* (S. 43 - 48).
Düsseldorf: Akademie für öffentliches Gesundheitswesen.

Zenker, H.-J. (2000). Psychosoziale Versorgung und Betreuung. Betrachtung der psychia-
trischen/psychotherapeutischen Versorgung in Bremen. In J. Gardemann, W. Müller
& A. Remmers (Hrsg.), *Migration und Gesundheit: Perspektiven für Gesundheitssysteme und öffentliches Gesundheitswesen. 23. bis 25.3.2000, Hildesheim* (S. 169 -
179). Düsseldorf: Akademie für öffentliches Gesundheitswesen.

Zühlke, A. (2015). Vom Willkommen zum Ankommen. *Die Stiftung, kein Jahrgang, (6)*
28 -29.

9 Anhang

Anhang A

Interviewleitfaden für das Interview mit zwei Mitarbeitern einer Erstaufnahmestelle in NRW

1. Was sind hier Ihre Aufgaben?
2. Was bietet diese Einrichtung den Flüchtlingen?
3. Mit wem kooperieren Sie?
4. Müssen sich die Flüchtlinge hier abmelden, wenn sie die Einrichtung verlassen?
5. Gibt es Koordinationsprobleme?
6. Gibt es Probleme bei der Kooperation mit den Ehrenamtlichen?
7. Welches Wissen benötigen Ehrenamtliche?
8. Wie kann ein Ehrenamtler helfen?
9. Welche Dinge sollten Ehrenamtler wissen?

Anhang B

Interviewleitfaden für das Interview mit einer Person, die Onlineseminare für die Schulung ehrenamtlicher Helfer in der Flüchtlingsarbeit entwickelt

1. Welche Inhalte beinhaltet die Ausbildung zum ehrenamtlichen Helfer in der Flüchtlingsarbeit?
2. Wie kommen Sie an die ehrenamtlichen Helfer?
3. Welche Informationen benötigen die ehrenamtlichen Helfer?
4. Welche Voraussetzungen sollte ein angehender ehrenamtlicher Helfer mitbringen?
5. Was kostet die Ausbildung zum ehrenamtlichen Helfer?
6. Wer bezahlt die Ausbildung zum ehrenamtlichen Helfer?
7. Welche konkreten Aufgaben übernehmen die ausgebildeten ehrenamtlichen Helfer?
8. In welchen Einsatzfeldern sind diese tätig?
9. Welche Kompetenzen benötigen die Ehrenamtlichen aus Ihrer Sicht?

    9.1 Welche werden aktuell gefördert?

    9.2 Welche müsste man noch zusätzlich fördern?
10. Warum ist es Ihrer Meinung nach so wichtig, ehrenamtliche in die Versorgung von Flüchtlingen zu integrieren?
11. Welche Verbesserungsvorschläge haben Sie für die Ausbildung der ehrenamtlichen Helfer und welche für die Verbesserung der Kooperation zwischen ehrenamtlichen und professionellen Helfern?
12. Was fehlt in der Flüchtlingshilfe zurzeit am meisten an Unterstützung?
13. Mit wem müssen die ehrenamtlichen Helfer später zusammenarbeiten?
14. Wie soll diese Zusammenarbeit aussehen?
15. Wie kann vonseiten der ehrenamtlichen Helfer ein angemessener Zugang zu den Flüchtlingen geschaffen werden?

Anhang C

Interviewleitfaden für das Interview mit einer Person, die ehrenamtliche Helfer in der Flüchtlingsarbeit in NRW koordiniert

1. Wie sind Sie auf die Idee gekommen, ehrenamtliche Helfer zu koordinieren?
2. Wie rekrutieren Sie die ehrenamtlichen Helfer?
3. Welche Informationen benötigen die ehrenamtlichen Helfer?
4. Wie werden die ehrenamtlichen Helfer geschult?
5. Wovon werden die Qualifizierungen bezahlt?
6. Welche Voraussetzungen sollte ein ehrenamtlicher Helfer mitbringen?
7. Welche konkreten Aufgaben haben Sie?
8. Welche konkreten Aufgaben übernehmen die ehrenamtlichen Helfer?
9. In welchen Einsatzfeldern sind diese tätig?
10. Welche Kompetenzen benötigen die ehrenamtlichen Helfer aus Ihrer Sicht?

    10.1 Welche Kompetenzen werden aktuell gefördert?

    10.2 Welche müsste man noch zusätzlich fördern?
11. Warum ist es Ihrer Meinung nach so wichtig, ehrenamtliche in die Versorgung von Flüchtlingen zu integrieren?
12. Welche Verbesserungsvorschläge haben Sie für die Ausbildung der ehrenamtlichen Helfer und welche für die Verbesserung der Kooperation zwischen ehrenamtlichen und professionellen Helfern?
13. Was fehlt in der Flüchtlingshilfe zurzeit am meisten an Unterstützung?
14. Mit wem müssen die ehrenamtlichen Helfer später zusammenarbeiten? (andere ehrenamtliche Helfer, Professionelle?)
15. Wie soll diese Zusammenarbeit aussehen?
16. Wie kann vonseiten der ehrenamtlichen Helfer ein angemessener Zugang zu den Flüchtlingen geschaffen werden?

Anhang D

Interviewleitfaden für das Interview mit dem Leiter eines „Arbeitskreises Asyl" in NRW

1. Wie sind Sie auf die Idee gekommen, sich ehrenamtlich um Flüchtlinge zu kümmern? Wie sah Ihre persönliche Motivation aus?
2. Seit wann sind Sie in der Flüchtlingsarbeit tätig?
3. Wie kommen Sie an weitere ehrenamtliche Helfer?
4. Welche Informationen benötigen ehrenamtliche Helfer aus Ihrer Sicht?
5. Werden die ehrenamtlichen Helfer geschult? Wenn ja, wie?
6. Welche Voraussetzungen sollte ein ehrenamtlicher Helfer mitbringen?
7. Welche konkreten Aufgaben haben Sie als Leiter des „Arbeitskreises Asyl"?
8. Wie viele Stunden pro Woche stecken Sie in die Arbeit mit Flüchtlingen?
9. Welche konkreten Aufgaben übernehmen die ehrenamtlichen Helfer?
10. In welchen Einsatzfeldern sind diese tätig?
11. Welche Kompetenzen benötigen die ehrenamtlichen Helfer aus Ihrer Sicht?
12. Warum ist es Ihrer Meinung nach so wichtig, Ehrenamtliche in die Versorgung von Flüchtlingen zu integrieren?
13. Welche Unterstützung gibt es für ehrenamtliche Helfer?
14. Welche Rückmeldungen bekommen Sie von den ehrenamtlichen Helfern?
15. Welche Verbesserungsvorschläge haben Sie für die Kooperation zwischen ehrenamtlichen und professionellen Helfern?
16. Was fehlt in der Flüchtlingshilfe zurzeit am meisten an Unterstützung?
17. Mit wem müssen die ehrenamtlichen Helfer zusammenarbeiten?
18. Wie soll diese Zusammenarbeit aussehen?
19. Wie kann für die ehrenamtlichen Helfer ein angemessener Zugang zu den Flüchtlingen geschaffen werden?

Anhang E

Interviewleitfaden für das Interview mit zwei Kümmerern, die sich ehrenamtlich um Flüchtlinge in NRW kümmern

1. Wie sind Sie auf die Idee gekommen, sich ehrenamtlich um Flüchtlinge zu kümmern?
2. Seit wann kümmern Sie sich um Flüchtlinge?
3. Welche Informationen benötigen ehrenamtliche Helfer aus Ihrer Sicht?
4. Haben Sie vorher eine Schulung mitgemacht oder ein Seminar besucht zur Vorbereitung auf diese Arbeit?
5. Würden Sie sich Unterstützung wünschen? Wenn ja, welche?
6. Welche Voraussetzungen sollte ein ehrenamtlicher Helfer mitbringen?
7. Welche konkreten Aufgaben übernehmen Sie im Umgang mit den Flüchtlingen?
8. Welche Kompetenzen benötigen ehrenamtliche Helfer aus Ihrer Sicht?
9. Wie viele Stunden pro Woche stecken Sie in die Arbeit mit Flüchtlingen?
10. Warum ist es Ihrer Meinung nach so wichtig, ehrenamtliche in die Versorgung von Flüchtlingen zu integrieren?
11. Mit welchen anderen Berufsgruppen arbeiten Sie zusammen?
12. Haben Sie Kontaktdaten, um bei Bedarf Kontakt zu professionellen Helfern herstellen zu können?
13. Welche Verbesserungsvorschläge haben Sie für die Kooperation zwischen ehrenamtlichen und professionellen Helfern?
14. Was fehlt aus Ihrer Sicht in der Flüchtlingshilfe zurzeit am meisten an Unterstützung?

Anhang F

Interview mit zwei Mitarbeitern einer Erstaufnahmestelle in NRW

1. Was sind hier Ihre Aufgaben?

Wir koordinieren Flüchtlinge, die in der Kommune ankommen und uns zugewiesen werden. Wenn die Flüchtlinge angekommen sind, dann helfen wir beim Erledigen der Verwaltungsangelegenheiten wie z.B. den Grundantrag ausfüllen, einen Folgeantrag stellen oder auch beim Stellen eines Schulantrags. Bei dem zweiten Termin der Antragstellung, müssen die geflüchteten Menschen zum Sozialamt. Bei Bedarf stellen wir Kontakt zu Bildungsorganisationen her, wobei sich dann Fallscouts vom Sozialamt um die Schnittstelle von Flüchtlingen und Bildungseinrichtung bzw. Schulen kümmern. Darüber hinaus unterstützen wir beim Regeln von ersten Dingen und bieten wirtschaftliche Hilfe.

Bei uns besteht die Chance, dass wir auf Wunsch für die Flüchtlinge Arzttermine vereinbaren und überprüfen, ob ein Dolmetscher benötigt wird. Wer englisch sprechen kann, bekommt eher keinen Dolmetscher. Oft kennen die Flüchtlinge schnell jemanden, der deutsch spricht und sie dann zum Arzt begleitet. Für das Erstellen der Erstanamnese stellen wir einen Dolmetscher zur Verfügung, der beim Ausfüllen des Bogens hilft. Das Angebot, dass wir Arzttermine vereinbaren, wird gut genutzt, denn 99% der Arzttermine werden über uns vereinbart. Die Migranten bekommen eine Broschüre mit Informationen zu den Arztterminen (Wie läuft ein Arztgespräch ab?, Wie komme ich an einen Arzttermin?). Wir versuchen, die Menschen an einen Arzt vor Ort zu binden. Die Menschen entscheiden selbst, wann sie einen Arzt benötigen. Im Rahmen der Arztterminvereinbarung machen wir auch Werbung für Impfungen, so dass sich ca. 95% der Flüchtlinge impfen lassen. Aus diesem Grund ist die Impfsprechstunde bei uns immer sehr voll.

2. Was bietet diese Einrichtung den Flüchtlingen?

Wenn die Flüchtlinge bei uns eintreffen, bekommen sie sofort ein Zimmer zugewiesen und sollen dann erst einmal in Ruhe ankommen. Im Folgenden erhalten sie Geld, und die Grundversorgung wird hier sicher gestellt. Ein großer Vorteil ist, dass es hier abgeschlossene Wohneinheiten gibt, so dass die Migranten etwas Privatsphäre haben.

Die Schule auf dem Gelände bietet Mitsprachkurse an, damit die Flüchtlinge möglichst schnell die deutsche Sprache lernen. Im Rahmen der Mitsprachkurse werden einfache Sätze für das tägliche Leben geübt, wie beispielsweise eine Busfahrkarte kaufen. Außerdem darf, wer mag, sein Kind in den DRK-Kindergarten auf dem Gelände schicken. Darüber hinaus kommt das Gesundheitsamt regelmäßig, und einmal pro Woche macht entweder eine Krankenschwester oder eine Hebamme, die sich abwechseln, einen Besuch. Nach dem Asylbewerberleistungsgesetz werden die Flüchtlinge (kranken)versichert, wofür die Kommune aufkommt. Die Migranten erhalten dann eine elektronische Gesundheitskarte, welche vom Sozialamt bezahlt wird.

Für gewöhnlich bleiben die Flüchtlinge zwischen zwei und vier Wochen in der Erstaufnahme-Unterkunft, bis sie einem Ort bzw. einer Unterkunft zugewiesen werden und eine Erstausstattung bekommen. Anschließend werden sie in festen Unterkünften untergebracht, und ab dann müssen sie sich selber um alles kümmern.

3. Mit wem kooperieren Sie?

Wir kooperieren mit der Bildungsberatung, die Schulen für die Kinder vorschlägt, mit der Bundesagentur für Arbeit, die den Integrationspunkt beherbergt, mit Ärzten, Hebammen und Krankenschwestern. Darüber hinaus kooperieren wir mit der GGUA = Gemeinnützige Gesellschaft zur Unterstützung Asylsuchender e.V. und mit den Kollegen von Refugio, die zweimal pro Woche kommen. Außerdem haben wir BuFdis und einen 1€-Jobber, die uns bei unserer Arbeit unterstützen. Da diese Einrichtung sehr groß ist, haben wir einen Sicherheitsdienst. Demnächst arbeiten wir auch mit der Polizei zusammen. Die Polizisten sollen den Austausch mit den Migranten fördern. Die Polizei übernimmt keinen Ordnungsdienst, sondern soll die Angst vor der Polizei nehmen und über die Aufsichtspflicht (ist hier wichtig, in dem Heimatland oft nicht) informieren. Außerdem wird die Polizei über das Lärmverbot und die Mülltrennung aufklären.

4. Müssen sich die Flüchtlinge hier abmelden, wenn sie die Einrichtung verlassen?

Nein, die Flüchtlinge müssen sich nicht abmelden, wenn sie in die Stadt fahren. Eigentlich dürfen sie NRW nicht verlassen wegen der Residenzpflicht in Münster, aber in NRW dürfen sie jede Stadt besuchen. Nach Absprache und mit einer Genehmigung dürfen sie auch das Bundesland verlassen.

5. Gibt es Koordinationsprobleme?

Wir haben das Glück, dass viele Ämter hier auf dem Gelände mit angesiedelt sind. Darum haben wir durch kurze Dienstwege und schnellen Austausch kaum Probleme. Hier ist alles eng vernetzt. Darum hat es auch gut geklappt, 4000 Menschen in 6 Monaten zu betreuen. Inzwischen ist es schwierig, Arzttermine zu bekommen, da die Ärzte überlastet sind. Besonders bei Gynäkologen ist das Problem am größten, gerade weil viele junge und schwangere Frauen kommen (ca. 30% sind Schwangere). Hier gibt es zunehmend mehr Abtreibungen, wo evtl. Vergewaltigungen hinter stecken. Wenn sich solche Probleme andeuten, versuchen wir, dass die betroffenen Frauen solche Themen mit Helferinnen besprechen können.

6. Gibt es Probleme bei der Kooperation mit den Ehrenamtlichen?

Ehrenamtler werden von uns an feste Unterkünfte verwiesen, dann können sie dort ein Patenamt übernehmen. Hier werden täglich von Ehrenamtlichen Deutschkurse angeboten, das läuft optimal. Die Ehrenamtler sprechen sich super ab und vertreten sich gegenseitig. Außerdem haben sie einen Springer und sagen notfalls die Termine ab.

Studierende aller Fachrichtungen arbeiten hier ehrenamtlich mit und haben eine eigene Homepage. Sie werden von Frau W. koordiniert. Wenn neue Flüchtlinge ankommen, werden immer zwei Studierende zu uns geschickt, die den Flüchtlingen dann die Infrastruktur erklären und zeigen. Ohne die Studierenden würde es nur ab und zu Sammelveranstaltungen geben, wo dies erklärt wird.

Wir haben ehemalige Flüchtlinge, die in dieser Einrichtung angekommen sind, die jetzt ein BuFdi-Jahr bei uns machen (2 Syrer, 2 Iraner, 1 Eritreer). Sie kommen gerne wieder. Wir schicken die BuFdis manchmal mit in die Grundschule, damit die Schüler ihnen Fragen stellen können und so Ängste abbauen.

7. Welches Wissen benötigen Ehrenamtliche?

Ehrenamtliche benötigen Wissen zum Umgang mit traumatisierten Flüchtlingen (Wie weit kann ich mit ihnen gehen? Und wie komme ich damit klar?). Sie sollen sich nicht überfordern. Die Ehrenamtlichen brauchen viel Orientierung. Es ist gut, wenn es einen Träger gibt, der die Flüchtlingshilfe mit übernimmt und von Ehrenamtlichen gebildet wird z.B: www.fgs-muenster.de (Flüchtlingshilfe Gievenbeck Sentrup).

Hilfreich ist es, wenn es eine Homepage mit Dingen gibt, die den Flüchtlingen fehlen, und so die Bürger zu Spenden auffordert. Die Flüchtlingshilfe nimmt dann auch Möbel an; Flüchtlingsunterkünfte sind bereits ausgestattet.

8. Wie kann ein Ehrenamtler helfen?

Der Ehrenamtler sollte machen, was er mag und was er kann. Er braucht gute Begleitung und Mut, das zu machen. Das Wichtigste ist, dass dem ehrenamtlichen Helfer das, was er macht, auch Spaß macht.

9. Welche Dinge sollten Ehrenamtler wissen?

Die Ehrenamtler sollten mit mangelnder Bereitschaft von Flüchtlingen umgehen können und diese nicht persönlich nehmen. Nicht jeder hat an allem Interesse. Außerdem sollte er lernen sich abzugrenzen, also keine Telefonnummer heraus geben. Der Hilfebedarf ist da, aber der Flüchtling kann oft nicht einschätzen, wie viel er fordern darf. Darüber hinaus sollten Helfer Gesetze bzw. rechtliche Grenzen kennen, die gelten, und diese akzeptieren, z.B. wenn eine Wohnung zu teuer ist und der Flüchtling diese nicht bekommt. Bei Problemen können sich Organisationen und Ehrenamtler an den Ehrenamtkoordinator wenden. Gut wäre es, wenn die Flüchtlingshilfen untereinander vernetzt wären, z.B. Austausch in Workshops fördern.

Anhang G

Interview mit einer Person, die Onlineseminare für die Schulung ehrenamtlicher Helfer in der Flüchtlingsarbeit entwickelt

1. **Welche Inhalte beinhaltet die Ausbildung zum ehrenamtlichen Helfer in der Flüchtlingsarbeit?**

Informationen zu Daten, Fakten und Zahlen, aber auch Asylrecht und Formen von Flüchtlingen (Kontingentflüchtling, Duldung, Erstaufnahme). Weitere Inhalte sind Informationen über die Herkunftsländer, Gründe für die Flucht und Probleme und Gefahren auf der Flucht. Darüber hinaus gibt es Hintergrundwissen zu Gesundheit und Traumata, da während der Arbeit mit geflohenen Menschen plötzliche unerwartete Situationen auftreten können. Außerdem werden Informationen zur Netzwerkbildung, dem Zugang zum Arbeitsmarkt sowie Schulen und Kindergärten vermittelt. Weitere Schwerpunkte sind die persönlichen Ressourcen des Ehrenamtlichen und die Förderung der Selbstreflexion mit Themen wie dem Abbauen von Vorurteilen und wie man selbst offen auf die Menschen zugehen kann.

2. **Wie kommen Sie an die ehrenamtlichen Helfer?**

Die Onlineseminare „Basiswissen in der Flüchtlingsarbeit", „Informationen zu Flüchtlingskindern" und „Hintergrundwissen zur Willkommenskultur" sind bis Ende Mai 2016 kostenfreie Seminare für alle interessierten Menschen aus Deutschland, wobei es auch Teilnehmer aus der Schweiz und Österreich gibt. Viele der Teilnehmer sind Erzieher oder aus medizinischen Bereichen. Andere sind in der Familienbegleitung tätig, es gibt aber auch KFZ-Mechaniker, die das Seminar absolvieren. Der größte Teilnehmerkreis stammt von der Caritas in Köln. Die Nachfrage ist auf jeden Fall so groß, dass die Seminare ab Juni ergänzt und kostenpflichtig werden, da die finanziellen Mittel aufgebraucht sind.

3. **Welche Informationen benötigen die ehrenamtlichen Helfer?**

Die Ehrenamtlichen sollten keine falschen Erwartungen haben, diese aber auch nicht bei den Flüchtlingen erzeugen. Außerdem wäre es gut, wenn die ehrenamtlichen Helfer Hintergrundwissen über das Herkunftsland und Probleme, die während der Flucht auftreten können, haben.

4. Welche Voraussetzungen sollte ein angehender ehrenamtlicher Helfer mitbringen?

Sie sollten den Wunsch haben, anderen Menschen zu helfen und über eine hohe Selbstreflexionsfähigkeit verfügen. Wichtig ist, dass die Motive vorher gut geklärt sind. Ansonsten reicht es, wenn man tolerant ist und den Flüchtlingen gegenüber liebevoll zugewandt ist. Den Rest kann man lernen. Wer mit Flüchtlingen arbeitet, benötigt ein polizeiliches Führungszeugnis zum Schutz der Kinder und Jugendlichen.

5. Was kostet die Ausbildung zum ehrenamtlichen Helfer?

Ab Juni kosten die Onlineseminare für Mitarbeiter der Caritas 60 € und für alle anderen Teilnehmer 80 €.

6. Wer bezahlt die Ausbildung zum ehrenamtlichen Helfer?

Bis Ende Mai wurden die Kosten von der Caritas übernommen. Ab Juni gibt es für Mitglieder der Caritas von der Caritas Zuschüsse. Ansonsten zahlen Privatpersonen die Seminarkosten selber, oder es wird von Einrichtungen bezahlt, die ihre Mitarbeiter schulen möchten.

7. Welche konkreten Aufgaben übernehmen die ausgebildeten ehrenamtlichen Helfer?

Dies ist schwer zu sagen, da es Onlineseminare sind, und die Teilnehmer ihre Tätigkeiten nicht angeben müssen. Zum Teil sind es erzieherische Tätigkeiten.

8. In welchen Einsatzfeldern sind diese tätig?

Darüber liegen keine Informationen vor.

9. Welche Kompetenzen benötigen die Ehrenamtlichen aus Ihrer Sicht?

Wichtig sind Selbstreflexionsfähigkeit, Toleranz und offen auf fremde Menschen zugehen können.

9.1 Welche werden aktuell gefördert?

Zum einen werden aktuell die interkulturelle Kompetenz und auch die Selbstreflexion gefördert. In den neuen Onlineseminaren ab Juni werden auch psychologische Kompetenzen gefördert wie der Umgang mit Belastungsstörungen oder auch die Traumapädagogik.

9.2 Welche müsste man noch zusätzlich fördern?

Der Umgang mit Belastungsstörungen und die Traumapädagogik beim Umgang mit Kindern. Zusätzlich sollte eine Sensibilisierung für das Du stattfinden. Was hast Du erlebt? Die ehrenamtlichen Helfer sollten Verständnis für die geflüchteten Menschen haben. Darüber hinaus müssten die interkulturellen Kompetenzen gefördert werden.

10. Warum ist es Ihrer Meinung nach so wichtig, Ehrenamtliche in die Versorgung von Flüchtlingen zu integrieren?

Weil die aktuell sehr hohe neue Flüchtlingszuwanderung anders nicht zu regeln ist! Der Bedarf ist in allen Bereichen so groß, dass er ohne Ehrenamtler nicht abgedeckt werden kann. Die ehrenamtlichen Helfer sind wichtig, um Brückenangebote wie z.B. Spielgruppen für Kinder, die noch nicht in die KiTa gehen, zu machen. Darüber hinaus helfen Ehrenamtler den Flüchtlingen, erste Schritte in der neuen Welt zu machen. Sie erklären Dinge aus der neuen Kultur wie z.B. Bus fahren oder dass Leitungswasser in Deutschland auch Trinkwasser ist. Die ehrenamtlichen Helfer sind so etwas wie Paten oder Alltagsbegleiter.

11. Welche Verbesserungsvorschläge haben Sie für die Ausbildung der ehrenamtlichen Helfer und welche für die Verbesserung der Kooperation zwischen ehrenamtlichen und professionellen Helfern?

Viele der ehrenamtlichen Helfer haben eine zu hohe Erwartungshaltung an die Professionellen, wodurch diese oft überlastet sind, da sie dann mehr Arbeit haben. Außerdem sollten die Aufgaben zwischen Ehrenamtlichen und Professionellen klar abgegrenzt sein. Gut wäre eine gute Koordination und Kooperation zwischen Ehrenamtlern und Professionellen.

12. Was fehlt in der Flüchtlingshilfe zurzeit am meisten an Unterstützung?

Eine Lösung und Unterstützung für das, was nach dem Asylantrag kommt. Zum Beispiel Hilfe bei Renovierungsarbeiten und beim Umzug. Erläutern des deutschen Gesundheitssystems mit Informationen zu den U-Untersuchungen oder auch in der Schwangerschaft.

13. Mit wem müssen die ehrenamtlichen Helfer später zusammenarbeiten?

In den Erstaufnahmeeinrichtungen mit Mitarbeitern der Stadt, Einrichtungen des Deutschen Roten Kreuzes, der Diakonie und der Caritas. In kommunalen Einrichtungen mit kirchlichen Mitarbeitern und Sozialarbeitern. In den Unterkünften mit Sozialarbeitern und Koordinatoren für ehrenamtliche Helfer, die sie auf die Unterstützung vorbereiten müssen.

14. Wie soll diese Zusammenarbeit aussehen?

Beispielsweise durch Alltagsbegleitung, Sprachkurse anbieten oder auch Freizeitaktivitäten mit den Flüchtlingen unternehmen.

15. Wie kann vonseiten der ehrenamtlichen Helfer ein angemessener Zugang zu den Flüchtlingen geschaffen werden?

Zum einen sollte man eine Grundweiterbildung zum Umgang mit Flüchtlingen machen. Außerdem wäre es gut, wenn man seine Reflexionsfähigkeit ausbaut und Stereotype bei sich selbst bewusst macht. Des Weiteren sollten Vorurteile nur als eine Möglichkeit von vielen in Betracht gezogen werden.

Anhang H

Interview mit einer Person, die ehrenamtliche Helfer in der Flüchtlingsarbeit in NRW koordiniert

1. Wie sind Sie auf die Idee gekommen, ehrenamtliche Helfer zu koordinieren?

Im August 2013 ist die Koordinationsstelle für Migration und Interkulturelle Angelegenheiten von der Freiwilligenagentur angesprochen worden, da ihnen die Betreuung der Sprachagentur zu viel wurde. So wurden die Mitglieder der Sprachagentur an die Koordinationsstelle für Migration und Interkulturelle Angelegenheiten abgegeben. Diese versuchte stets, den Migranten für offizielle Angelegenheiten einen Dolmetscher zu vermitteln, der in die Muttersprache übersetzen kann. Im Laufe der Zeit sind immer mehr Anfragen zur Unterstützung der Migranten an die Koordinationsstelle für Migration und Interkulturelle Angelegenheiten herangetragen worden. Heute vermittelt sie die ehrenamtlichen Dolmetscher und versucht darüber hinaus, ehrenamtliche Helfer zu qualifizieren.

2. Wie rekrutieren Sie die ehrenamtlichen Helfer?

Die Koordinationsstelle für Migration und Interkulturelle Angelegenheiten wirbt qualifizierte Sprachhelfer an, die sich bei der Freiwilligenagentur melden und von dort an die Koordinationsstelle für Migration und Interkulturelle Angelegenheiten vermittelt werden. Diese werden dann von einer Bildungseinrichtung angefordert, die im Folgenden die Kontaktdaten eines geeigneten Sprachhelfers erhält. Nachdem ein Sprachhelfer für einen Migranten gedolmetscht hat, erhält die Koordinationsstelle für Migration und Interkulturelle Angelegenheiten eine Rückmeldung darüber, wie gut der Sprachhelfer seine Arbeit gemacht hat. Inzwischen hat die Koordinationsstelle für Migration und Interkulturelle Angelegenheiten 50 Sprachhelfer, die 24 Sprachen abdecken.

3. Welche Informationen benötigen die ehrenamtlichen Helfer?

Die ehrenamtlichen Helfer benötigen Informationen darüber, wo die Grenzen ihrer Arbeit liegen und ab wann ein Fall an professionelle Helfer abgegeben werden sollte. Außerdem wird die Verbindlichkeit des Ehrenamts thematisiert und auf Bewältigung von Trauer und psychosozialen Folgen durch die Kriegsereignisse im Heimatland eingegangen. Darüber hinaus benötigen die ehrenamtlichen Helfer grundlegende Informationen zum Asyl- und Gesundheitsrecht. Sinnvoll wäre es, wenn die Helfer geschult würden, wie sie damit umgehen, wenn sie das Gefühl haben, dass ein anderer ehrenamtlicher Helfer etwas falsch macht.

4. Wie werden die ehrenamtlichen Helfer geschult?

Zu Beginn werden Begriffe wie Migration geklärt, und es findet eine Selbstreflexion über die eigenen Motive der ehrenamtlichen Helfer statt, wie z.B. „Helfen wollen", „Angst vor den Fremden" oder „den Flüchtlingen Regeln aufzeigen wollen". Im Folgenden werden die eigenen Privilegien bewusst gemacht, und es wird das Gefälle zwischen dem ehrenamtlichen Helfer und dem Migranten bewusst gemacht. Darüber hinaus werden die Helfer auch auf die Arbeit mit Flüchtlingen vorbereitet, die wieder in ihr Heimatland abgeschoben werden. Hier sollen die ehrenamtlichen Helfer gemeinsam mit dem Flüchtling neue Lebenswege in der Heimat planen.

Außerdem werden die Teilnehmer für das Thema „Schutz von Kindern und Jugendlichen vor Übergriffen" sensibilisiert, und es wird gemeinsam geschaut, wie man damit umgeht, wenn man so etwas mitbekommt. Dazu gehört auch die rassismuskritische Arbeit, denn Flüchtlinge sind Menschen in schweren Lebenslagen, und nicht jeder ist für diese Arbeit geeignet. Dies soll in den Veranstaltungen offen thematisiert werden.

In der modularisierten, kostenlosen Weiterbildung für Sprachlehrer wird erklärt, wie lebendiger Sprachunterricht stattfinden kann und welche Methoden und Materialien genutzt werden können. Zusätzlich wird geschaut, wie man die Motivation der Teilnehmer fördern kann und wie man selbst mit dem Kommen und Nichtkommen von Flüchtlingen zu dem Sprachunterricht umgeht. Darüber hinaus wird sich die Arbeit im migrationsgesellschaftlichen Kontext angeschaut mit dem Schwerpunkt, wie gestalte ich Unterricht für alle Teilnehmer einer heterogenen Klasse (vom Analphabeten bis hin zum Ingenieur). Am Ende eines jeden Seminars wird geschaut, wie die Teilnehmer weiterarbeiten wollen. Außerdem finden bei Bedarf Nachqualifizierungen statt. Über ein Forum gibt es die Möglichkeit, sich weiter auszutauschen und sich gegenseitig Materialien bereit zu stellen.

5. Wovon werden die Qualifizierungen bezahlt?

Wir beantragen Fördergelder beim Land NRW. Diese stehen Einrichtungen wie uns nach §7 des Gesetzes zur Förderung der gesellschaftlichen Teilhabe und Integration In Nordrhein-Westfalen zu, damit wir die Migranten bei der Integration unterstützen können.

6. Welche Voraussetzungen sollte ein ehrenamtlicher Helfer mitbringen?

Sie sollten offen sein und die kostenlosen Veranstaltungen für Qualifizierungen besuchen. Außerdem wäre es gut, wenn sie Interesse für die Thematik haben und hierarchiefrei Kontakt zu den Migranten aufbauen können.

7. Welche konkreten Aufgaben haben Sie?

Organisieren, Bewerben, Durchführen und Begleiten von Qualifizierungen. Außerdem finanzielle Unterstützungen gewährleisten und Fördergelder für Renovierungsarbeiten, öffentliche Treffpunkte, Ausflüge, Öffentlichkeits- und Wissensangebote sowie Qualifizierungen und Supervisionen beantragen. Darüber hinaus stelle ich eine enge Zusammenarbeitet mit der Freiwilligenagentur und mit Sozialarbeitern sicher.

8. Welche konkreten Aufgaben übernehmen die ehrenamtlichen Helfer?

Alle. Vorrangig Unterstützung bei lebenspraktischen Angelegenheiten.

9. In welchen Einsatzfeldern sind diese tätig?

In Flüchtlingsunterkünften und offenen Ganztagsschulen.

10. Welche Kompetenzen benötigen die ehrenamtlichen Helfer aus Ihrer Sicht?

Sie müssen sich über ihre Rolle klar sein und sich ihrer eigenen Motivation bewusst werden. Ehrenamtliche Helfer sollen sensibilisiert sein für ihre eigenen Grenzen und ein Bewusstsein für ihre Privilegien haben, dass sie in Deutschland leben. Darüber hinaus müssen Ehrenamtler wissen, dass Flüchtlinge hier jahrelang keine Selbstwirksamkeitserfahrungen machen können, da sie oft keine Arbeit haben, weil sie weniger Chancen auf dem Arbeitsmarkt haben, was durch das Fehlen oder das nicht Anerkennen von Zeugnissen zustande kommt.

Außerdem muss die Verbindlichkeit zum Ehrenamt vorhanden sein.

10.1 Welche Kompetenzen werden aktuell gefördert?

Aktuell werden die Kompetenzen zur Rollenklarheit und das Bewusstsein der eigenen Motivation geschult. Zusätzlich werden die ehrenamtlichen Helfer für ihre eigenen Grenzen sensibilisiert. Auch die Privilegien, in Deutschland geboren zu sein, werden thematisiert. Darüber hinaus erfahren die Ehrenamtler, dass Flüchtlinge in Deutschland jahrelang keine Selbstwirksamkeitserfahrungen machen können, da sie oft schlechte Chancen auf dem Arbeitsmarkt haben. Außerdem wird die Verbindlichkeit zum Ehrenamt besprochen.

10.2   Welche müsste man noch zusätzlich fördern?

Die Koordinationsstelle für Migration und Interkulturelle Angelegenheiten möchte weitere Qualifizierungen für die 17 anderen Seminare anbieten. Schwerpunktmäßig soll in allen Seminaren die eigene Arbeitsweise hinterfragt werden.

11. Warum ist es Ihrer Meinung nach so wichtig, Ehrenamtliche in die Versorgung von Flüchtlingen zu integrieren?

Weil Integration eine gesellschaftliche Verantwortung ist.

12. Welche Verbesserungsvorschläge haben Sie für die Ausbildung der ehrenamtlichen Helfer und welche für die Verbesserung der Kooperation zwischen ehrenamtlichen und professionellen Helfern?

Es muss mehr modularisierte Qualifizierungen geben. Die Stadtteilarbeit kooperiert mit den ehrenamtlichen Helfern, und dabei wäre es gut, wenn es kleine Messen gäbe, wo sich die ehrenamtlichen Helfer über Kontakte zu professionellen Helfern Anregungen holen oder direkt Kontakte herstellen können. Zusätzlich müsste dort über die Abgrenzung des Ehrenamts und der Professionellen informiert werden.

13. Was fehlt in der Flüchtlingshilfe zurzeit am meisten an Unterstützung?

Eine schnelle Bearbeitung der Anträge, da Flüchtlinge bis zur Antragsgenehmigung nicht zur Schule, zur Arbeit oder zum Studium zugelassen werden können. Dies ist sehr wichtig, da ein strukturierter Lebensalltag entlastet. Außerdem müssten die Flüchtlinge schneller in Wohnungen vermittelt und auch für den Arbeitsmarkt qualifiziert werden. All das geht erst, wenn die Aufenthaltsgenehmigung vorliegt. Derzeit fehlen in Deutschland noch geeignete Instrumente zur Einschätzung der Arbeit und eine Zuordnung von qualifizierten Flüchtlingen. Oft wird in Deutschland noch eingestellt, wer vom sozialen Background am Besten in das Team passt und nicht so sehr nach demografischen Aspekten entschieden. Hier hat Deutschland noch einen großen Entwicklungsbedarf, da die Wichtigkeit von Vielfalt in den mittelständischen und kleinen Unternehmen noch nicht bewusst ist. Nur wenige der mittelständischen Unternehmen orientieren sich an den großen. Außerdem fehlt es den kleineren Unternehmen an Instrumenten für die Einschätzung, wo sie aktuell stehen und wo sie hin wollen. Daraus resultiert dann auch mehr Sicherheit für das Unternehmen. Darüber hinaus haben wir in Deutschland einen sehr hohen Handlungsbedarf in rassismuskritischer Arbeit. Wir müssen uns klar sein, was Rassismus ist und wie wir als Einzelperson dazu stehen. Dafür müssen aber erst Strukturen in der Gesellschaft geschaffen werden, und es muss viel selbstreflexive Arbeit stattfinden. Außerdem sollte bei allen das Zugehörigkeitsgefühl gestärkt werden. Viele Flüchtlingskinder kommen direkt auf die Hauptschule, da sie noch wenige Deutschkenntnisse aufweisen. Dadurch üben Hauptschulen Rassismus aus, weil sie den Flüchtlingskindern nicht die gleichen Bildungschancen wie den deutschen Kindern zukommen lassen. Hier müssen wir andere und gute Maßnahmen schaffen für Menschen mit Migrationshintergrund.

14. Mit wem müssen die ehrenamtlichen Helfer später zusammenarbeiten?

Sie müssen mit anderen ehrenamtlichen Helfern und auch mit professionellen Helfern zusammenarbeiten. Zum Teil müssen sie den Kontakt zu den professionellen Helfern herstellen.

15. Wie soll diese Zusammenarbeit aussehen?

Es sollte ein wertschätzender und offener Umgang unter den ehrenamtlichen und den professionellen Helfern sein. Außerdem ist Transparenz von beiden Seiten sehr wichtig. Wichtig ist, dass die ehrenamtlichen und die professionellen Helfer Hand in Hand arbeiten und den Flüchtlingen so gute Startchancen in Deutschland bieten.

16. Wie kann vonseiten der ehrenamtlichen Helfer ein angemessener Zugang zu den Flüchtlingen geschaffen werden?

Indem sie sich ihrer eigenen Privilegien bewusst sind und die Flüchtlinge auf Augenhöhe als gleichwertig ansprechen. Außerdem sollte immer eine Selbstreflexion über das eigene Verhalten im Umgang mit den Flüchtlingen stattfinden.

Anhang I

Interview mit dem Leiter eines „Arbeitskreises Asyl" in NRW

1. Wie sind Sie auf die Idee gekommen, sich ehrenamtlich um Flüchtlinge zu kümmern? Wie sah Ihre persönliche Motivation aus?

Im Jahr 1991 gab es in der näheren Umgebung einige Flüchtlinge aus Sri-Lanka und Vietnam, welches die Caritas und die Diakonie zum Anlass nahmen, um einen losen Zusammenschluss zu bilden, der sich dieser Menschen annahm. Außer der Caritas und der Diakonie waren Vertreter der Stadt und ein Sozialarbeiter in diesem Zusammenschluss, der sich um die Versorgung von Flüchtlingen kümmerte. Als in den Jahren 1992 und 1993 560.000 Flüchtlinge durch den Jugoslawienkrieg nach Nordrhein-Westfalen kamen, entwickelte sich aus dem losen Zusammenschluss der „Arbeitskreis Asyl", dem ich beitrat. Damals waren wir in Deutschland mit der Situation genauso überfordert wie heute, und ich sah es als wichtig an, sich um diese Menschen zu kümmern und ihnen gute Startchancen in ihrer neuen Heimat zu geben. Wir vom „Arbeitskreis Asyl" treffen uns einmal im Monat zum Austausch über Probleme und um bestehende Strukturen zu hinterfragen und zu verbessern.

2. Seit wann sind Sie in der Flüchtlingsarbeit tätig?

Ich bin Anfang der 1990er Jahre Mitglied des „Arbeitskreises Asyl" geworden. Damals waren wir eine überschaubare Gruppe von 30 bis 40 ehrenamtlichen Helfern, die für Flüchtlingskinder eine Hausaufgabenbetreuung angeboten haben, Spielgruppen organisierten und Patenschaften für die Flüchtlinge übernahmen. Ziel unseres Arbeitskreises war es immer, die Flüchtlinge dezentral unterzubringen und maximal 30 Flüchtlinge in eine Unterkunft zu bringen, um eine Integration in die Gesellschaft zu ermöglichen. Von den städtischen Parteien ist vor einigen Jahren der Entschluss getroffen worden, dass einem Flüchtling mindesten 9m^2 zustehen.

3. Wie kommen Sie an weitere ehrenamtliche Helfer?

Immer, wenn neue Flüchtlinge in unsere Stadt kamen, gab die Stadt einen Termin für eine Bürgerinformation bekannt. Den ersten Teil dieses Treffens gestaltet die Stadt, indem sie über die Flucht und die Fluchtgründe der Flüchtlinge informiert. Den zweiten Teil nutzten wir von „Arbeitskreis Asyl", um ehrenamtliche Helfer zu werben mit Informationen darüber, wie geholfen werden kann. Dazu haben wir Zettel ausgelegt, auf denen man seinen Namen, Anschrift und Telefonnummer hinterließ und ankreuzen konnte, in welchem der sieben Bereiche (*Fahrdienste, Anwesenheit in den Gemeinschaftsunterkünften, Patenamt, Kümmerer, Sprachkurse, Hausaufgabenbetreuung, Café der Begegnung*) man sich engagieren möchte. Zurzeit sind wir im „Arbeitskreis Asyl" 560 ehrenamtliche Helfer, die alle Aufgaben abdecken.

Wir haben eine Gruppe ehrenamtlicher Helfer, die unsere Arbeit in Schulen, Frauenvereinen und sonstigen Gruppen präsentiert und so versucht, neue Mitglieder zu werben. Außerdem erfahren viele von unserer Arbeit über Mundpropaganda durch andere Ehrenamtliche. Darüber hinaus stehen unsere monatlichen Treffen in der Zeitung, wo viele neue Helfer zu uns kommen. Oder sie melden sich, weil sie einen Artikel über unsere Arbeit in der Zeitung gelesen haben und feststellen, dass das eine Arbeit ist, die ihnen auch Freude bereiten könnte.

4. Welche Informationen benötigen ehrenamtlichen Helfer aus Ihrer Sicht?

Die wichtigsten Informationen erhalten die ehrenamtlichen Helfer bei den Informationstreffen, die die Stadt organisiert. Dort erfahren Interessierte Gründe für die Flucht und auch Probleme und Gefahren der Flucht. Im Anschluss daran stellen wir vom „Arbeitskreis Asyl" unsere Tätigkeit vor. Weitere Informationen gibt es auch bei den Treffen des „Arbeitskreises Asyl", und wer sich in diesem engagiert wird in unsere Dropbox aufgenommen, wo jede Menge Informationsmaterial abgespeichert ist. Im vergangenen Jahr hat unsere Stadtzeitung ein Flüchtlingsschicksal pro Woche in der Zeitung dargestellt, so dass man wusste, welche Schicksalsschläge dahinter stecken.

5. Werden die ehrenamtlichen Helfer geschult? Wenn ja, wie?

Also vor Beginn der Arbeit erhalten die ehrenamtlichen Helfer keine Schulung. Sie haben aber wie alle Interessierten die Möglichkeit, an kostenlosen Schulungen der Ehrenamtsakademie in der Volkshochschule teil zu nehmen. Inzwischen sind dort vier Schulungen gelaufen. Eine, die sich mit dem Thema „Versicherung für Ehrenamtliche" beschäftigt, zwei, die das Thema „Interkulturelle Kompetenz" beleuchtet haben, und eine zum Thema, wie man „Traumatisierung erkennt" und in der konkreten Situation als Ersthelfer begleiten kann.

6. Welche Voraussetzungen sollte ein ehrenamtlicher Helfer mitbringen?

Er sollte Liebe zu den Menschen mitbringen. Außerdem sollte er offen und neugierig sein.

7. Welche konkreten Aufgaben haben Sie als Leiter des „Arbeitskreises Asyl"?

Mein Aufgabenspektrum ist riesig. Ich sorge für die Unterbringung von Flüchtlingen in eine eigene Wohnung. Außerdem organisiere ich die Treffen der Helferkreise für die Flüchtlingsunterkünfte und halte mit der Stadt Informationsveranstaltungen ab. Darüber hinaus helfe ich bei der Vermittlung von Paten an die Flüchtlinge, und ich steuere das Kernteam und koordiniere einzelne Aufgabenpakete, für die jeweils einer der vier Helfer des Kernteams verantwortlich ist. Nebenbei leite ich Informationen per E-Mail an die Helfer des „Arbeitskreises Asyl" weiter und erstelle Listen mit Dolmetschern. Dies sind zum Teil selber ehemalige Flüchtlinge.

8. Wie viele Stunden pro Woche stecken Sie in die Arbeit mit Flüchtlingen?

Ich schätze, dass das acht bis zehn Stunden pro Tag sind. In einer Woche komme ich bestimmt auf 50 Stunden. Die Arbeit mit Flüchtlingen ist inzwischen zu meinem Lebensinhalt geworden.

9. Welche konkreten Aufgaben übernehmen die ehrenamtlichen Helfer?

Da sind zum einen Helfer, die *Fahrdienste* z.B. zu Behörden oder Ärzten übernehmen. Zum anderen gibt es Personen, die die *Anwesenheit in den Gemeinschaftsunterkünften* übernehmen, um für Fragen der Flüchtlinge zur Verfügung zu stehen, Spiele durchführen und als Kommunikationsmöglichkeit, um die deutsche Sprache zu lernen. Außerdem gibt es das *Patenamt,* in dem man sich um eine Flüchtlingsfamilie intensiver kümmert. Diese Gruppe der Helfer ist die größte und älteste. Es ist für viele Ehrenamtliche die wichtigste und schönste Aufgabe, da für die Paten das persönliche Verhältnis zwischen ihnen und dem Flüchtling eine besondere Bedeutung hat. Sie zeigen den Flüchtlingen, wo man einkaufen gehen kann, wo Ärzte sind und was es in der näheren Umgebung alles gibt. Außerdem vermitteln sie die deutschen Regeln, und sie achten auf eine Gleichberechtigung von Mann und Frau. Haben die Flüchtlinge Kinder, so zeigen die Paten, wo die Schule oder der Kindergarten für die Kinder ist und wo Spielplätze zu finden sind. In diesem Zusammenhang müssen die Paten oft deutsche Regeln erklären wie die Aufsichtspflicht für minderjährige Kinder. Die Paten stellen Kontakte her und tauschen sich über Lebensgewohnheiten und Hobbys aus, manche laden sich gegenseitig zum Essen ein, um die Küche des anderen kennen zu lernen. Oft entstehen so Freundschaften zwischen den Paten und den Flüchtlingen. Wir versuchen immer, einen Paten für eine Familie oder einen Paten für zwei bis drei alleinstehende Flüchtlinge zu vermitteln, da der Zeitaufwand sehr hoch sein kann, wenn Probleme auftreten. Bei Problemen in der Schwangerschaft muss der Pate oft mit zum Frauenarzt und ist dann nicht selten auch bei der Geburt dabei. Dabei entscheidet der Pate allein, wie weit er gehen möchte. Wenigstens sollte ein Pate alle 14 Tage Kontakt zu dem Flüchtling haben, wobei das bei einer gelungenen Integration im Laufe der Zeit weniger werden kann.

Kümmerer sind immer ein Team von drei bis sechs Personen, die Ansprechpartner für ehrenamtliche Helfer und die Flüchtlinge in einer Unterkunft sind. Sie organisieren regelmäßige Treffen für die Paten, sind Ansprechpartner für die Stadt und koordinieren Zuständigkeiten. Die Kümmerer helfen Flüchtlingen beim Anlegen eines Kontos oder beim Stellen des Asylantrags. Außerdem helfen sie bei Problemen weiter und begleiten Flüchtlinge zum BAMF.

Sprachkurse - hier darf, wer kann und mag, den Flüchtlingen die deutsche Sprache näher bringen. Diese Aufgabe geschieht ehrenamtlich und ist in den einzelnen Stadtteilen verankert. Alle Kurse sind auf einem unterschiedlichen Niveau und fangen oft neu an, da neuankommende Flüchtlinge direkt in den Sprachkurs gehen sollen. Aktuell planen wir zentral Sprachkurse nach Sprachniveau anzubieten. Auch ein Alphabetisierungskurs ist geplant. Die Flüchtlinge sollten eine Tagesstruktur erhalten, weshalb diese Kurse von jedem Flüchtling, auch von denen ohne Aufenthaltsgenehmigung, besucht werden dürfen. Die Sprachkurse werden individuell gestaltet. Einige Leiter machen nur Frontalunterricht, und andere gehen Einkaufen mit den Flüchtlingen und vermitteln dabei neue Vokabeln.

Bei der *Hausaufgabenbetreuung* gehen jeweils zwei ehrenamtliche Helfer in eine Schule und bieten Hilfe für Flüchtlingskinder an, um ihnen bei den Hausaufgaben Hilfestellung zu geben. Die Flüchtlingskinder bleiben eine Stunde länger in der Schule und erhalten Unterstützung und Hilfe bei Verständigungsproblemen. Sie üben Lesen, und bei Bedarf führen die Helfer auch Gespräche mit den Lehrern.

Bei dem *Café der Begegnung* in den einzelnen Stadtteilen finden Treffen für die Flüchtlinge statt, wo Gelegenheit zum Austausch ist. Es gibt die Möglichkeit, Deutsch zu lernen, Kontakte zu knüpfen, und es werden Getränke und Kekse angeboten. Für Kinder und Jugendliche finden Spielangebote statt, und man hilft z.B., Briefe zu übersetzen.

10. In welchen Einsatzfeldern sind diese tätig?

Einige Helfer sind in der Asylberatung für Flüchtlinge und Paten tätig, sie helfen bei der Antragsstellung und bereiten die Flüchtlinge auf die Gespräche im Asylverfahren vor. Dazu gibt es auch Informationsabende, wo die Flüchtlinge mit ihren Paten gemeinsam informiert werden. Eine Gruppe Ehrenamtlicher ist für die Themen Arbeit, Ausbildung, Studium, Praktikum und Hospitation zuständig. Dort haben wir sogar zwei ehrenamtliche Helfer, die beim Job Center arbeiten und den Flüchtlingen helfen, dass ihre Zeugnisse übersetzt und anerkannt werden.

Weitere Helfer kümmern sich um unseren Internetauftritt und stellen aktuelle Informationen in unsere Dropbox, damit alle Helfer die Möglichkeit haben, bei Problemen schnell Hilfe zu finden. In der Dropbox sind Ansprechpartner benannt, Kontaktdaten für Ärzte, Musterschreiben und Informationen zu dem Ablauf des Asylverfahrens. Andere Helfer begleiten Flüchtlinge zur Bank und helfen ihnen beim Einrichten eines eigenen Kontos. Wieder andere kümmern sich um die Vermittlung von Flüchtlingskindern in den Kindergarten oder die Schule. Sie stellen Kontakt zu den Eirichtungen sicher und sind Ansprechpartner für die Flüchtlinge und die Paten. In der Hausaufgabenbetreuung sind Ehrenamtliche tätig, die mit den Flüchtlingskindern die Hausaufgaben durchsprechen und Hilfestellung geben, indem sie deutsche Begriffe erklären oder Lesen üben.

Eine Gruppe ehrenamtlicher Helfer kümmert sich um Sachspenden. Sie organisieren neue Lagerräume und bitten um Spenden und sortieren diese. Andere Helfer koordinieren die Sprachkurse, oder sie begleiten die ehrenamtlichen Helfer in den einzelnen Stadtteilen. Hier haben wir für jeden Stadtteil einen festen Ansprechpartner, der auch vor Ort Treffen mit den Helfern organisiert. Wir haben eine Gruppe mit Helfern, die in Schulen, Frauenvereine oder sonstige Gruppen gehen, um über unsere Arbeit zu informieren. Wichtig ist uns, das Bewusstsein für die Flüchtlinge und das Wissen über die Flucht an so viele Menschen wie möglich zu transferieren. Außerdem gewinnen wir auf diesem Weg oft auch neue Mitarbeiter.

Andere Helfer kümmern sich um Fernsehanschlüsse und die Einrichtung von W-LAN in den Flüchtlingsunterkünften. Wir haben inzwischen von Ehrenamtlichen und Flüchtlingen geleitet eine Fahrradwerkstatt, eine Nähgruppe und eine Kochgruppe.

11. Welche Kompetenzen benötigen die ehrenamtlichen Helfer aus Ihrer Sicht?

Man muss damit umgehen können, dass Entscheidungen getroffen werden, die nicht der eigenen Vorstellung entsprechen. Man braucht eine gute Sozialkompetenz, aber was viele denken, dass man viele Sprachen sprechen kann, ist nicht so wichtig. Die Verständigung geht auf Deutsch oder eben mit Bildern und Zeigebüchern.

12. Warum ist es Ihrer Meinung nach so wichtig, Ehrenamtliche in die Versorgung von Flüchtlingen zu integrieren?

Ich denke, Integration gelingt nur über die Zusammenarbeit mit Ehrenamtlichen. Die Flüchtlinge brauchen persönliche Nähe von Mensch zu Mensch. Es kommt hier wirklich auf das Zwischenmenschliche an. Außerdem habe ich von der Stadt die Rückmeldung erhalten, dass es ohne die Ehrenamtlichen einfach nicht zu schaffen sei, eine so große Zahl von Flüchtlingen gut zu betreuen.

13. Welche Unterstützung gibt es für ehrenamtliche Helfer?

Zum einen gibt es regelmäßige Treffen der einzelnen Helferkreise (Patenstammtisch, Treffen der Lehrer der Sprachkurse, Treffen der Kümmerer, Treffen der Hausaufgabenbetreuung). Jeden letzten Dienstag im Monat treffen wir uns vom „Arbeitskreis Asyl" um 19.30 Uhr in den Räumen unserer Stadtkirche, wo jeder, der sich in irgendeiner Form um Flüchtlinge kümmert oder kümmern möchte, hinkommen darf. Bei diesen Treffen gibt es immer einen Informationsblock, und anschließend findet ein Erfahrungsaustausch untereinander statt. Bei dem Erfahrungsaustausch werden die Helfer ihrer jeweiligen Themengebiete entsprechend aufgeteilt, um sich in der entsprechenden Gruppe auszutauschen.

Bei akuten Problemen oder Fragen haben alle Helfer die Möglichkeit, mich über mein Handy zu erreichen, und von der Kirche ist auch eine Person mit einer 50%-Stelle als Ansprechpartner zu erreichen. Darüber hinaus haben wir eine extra Sprechstunde zum Asylverfahren, und die Caritas ist wenigstens einen halben Tag pro Woche in unserer Stadt vor Ort und steht für Fragen zur Verfügung.

Wir haben das Glück, dass wir einen Rechtsanwalt unter den ehrenamtlichen Helfern haben, dieser berät kostenlos zu Rechtsfragen. Außerdem informiert er Paten und Flüchtlinge ehrlich darüber, ob ein Asylverfahren Erfolg verspricht oder nicht. Darüber hinaus bieten wir den ehrenamtlichen Helfern die Chance, an einer Supervision teil zu nehmen, da einige unserer Helfer in diesem Bereich qualifiziert sind. Auch haben wir Psychologen in unserem Team, so dass man Ansprechpartner hat, wenn Traumata aufbrechen.

14. Welche Rückmeldungen bekommen Sie von den ehrenamtlichen Helfern?

Generell erhalte ich ein sehr positives Feedback von den ehrenamtlichen Helfern. Sie sind sehr dankbar dafür, dass ich als Ansprechpartner jederzeit zu erreichen bin. Außerdem bekomme ich viele Rückmeldungen, dass es gut ist, dass den Flüchtlingen und den Helfern ein Rechtsanwalt für Fragen zur Seite steht. Auch dass wir gute Kontakte zur Stadt haben, wird oft als positiv bewertet, da so schneller gehandelt werden kann. Gerade durch die enge Zusammenarbeit mit der Stadt erarbeiten sich manche Dinge selbständig. Viele Helfer loben unsere gute Vernetzung, zumindest, wenn man im Umgang eines Computers fit ist.

Ein Wunsch der Ehrenamtlichen ist noch, dass Fahrtkosten für das Ehrenamt steuerlich geltend gemacht werden können. Wir haben im Arbeitskreis Personen, die im Jahr auf Grund ihres Ehrenamtes 1000 bis 2000 km mit dem Auto fahren. Das ist noch ein Bereich, wo wir dran arbeiten, um eine Lösung zu finden.

15. Welche Verbesserungsvorschläge haben Sie für die Kooperation zwischen ehrenamtlichen und professionellen Helfern?

Die Zusammenarbeit ist im Laufe der Jahre schon gut zusammen gewachsen. Ein Problem ist einfach, dass in unserer Stadt eine vollbeschäftigte Betreuungskraft für 100 Flüchtlinge zuständig ist. Von den gesamten Betreuungskräften darf aber nur eine an den Treffen des „Arbeitskreises Asyl" teilnehmen und soll ihre Kolleginnen und Kollegen informieren. Oft fehlt den Betreuungskräften dafür die Zeit, so dass es hier noch eine bessere Verzahnung geben müsste. Die Betreuungskräfte nehmen aber an den Treffen der Kümmerer vor Ort teil und sind dort als Ansprechpartner erreichbar.

Generell gibt es viel zu wenig Hauptamtliche, die sich um die Betreuung von Flüchtlingen kümmern. Von der Stadt steht uns pro Woche ein halber Tag ein Sozialarbeiter zur Verfügung, der für Rückfragen zuständig ist. Damals ist das vom Bund so entschieden worden, um Flüchtlinge abzuschrecken. Sie sollten nicht nach Deutschland kommen.

16. Was fehlt in der Flüchtlingshilfe zurzeit am meisten an Unterstützung?

Unser Traum wäre es, wenn wir für jeden Flüchtling bzw. für jede Flüchtlingsfamilie einen Paten hätten. Außerdem fehlt es an hauptamtlichen Helfern und Betreuungskräften. Es kann nicht sein, das eine Betreuungskraft sich um 100 Flüchtlinge kümmern soll. Da ist ganz klar, dass einigen Flüchtlingen keine Hilfe zu teil werden kann.

Bei den Sachspenden fehlt es am meisten an Unterwäsche und Schuhen. Darum verteilen wir inzwischen an die Flüchtlinge Gutscheine von C&A oder Deichmann, die wir aus Spendengeldern finanzieren.

Ich persönlich fände es gut, wenn alle Flüchtlinge sofort in einen Sprachkurs vermittelt würden, auch wenn ihr Asylantrag noch nicht genehmigt ist. So erhält der Flüchtling eine Tagesstruktur, und wenn er bleiben darf, dann hat er schon etwas von der deutschen Sprache gelernt. Sollte der Flüchtling abgeschoben werden, so hat er die Möglichkeit bekommen, eine weitere Sprache wenigstens etwas zu erlernen. Das wäre mal eine schöne Willkommenskultur und nicht so eine Abschreckung, wie es bisher läuft.

17. Mit wem müssen die ehrenamtlichen Helfer zusammenarbeiten?

Die Helfer müssen mit vielen Personen zusammenarbeiten. Da sind zum einen die anderen ehrenamtlichen Helfer, die sich als Paten oder Kümmerer um den Flüchtling kümmern. Zum anderen kommen da diverse Interessenvertreter der Stadt oder die Mitarbeiter der Caritas und Diakonie ins Spiel. Außerdem sind Vertreter der Kirchengemeinden immer mal wieder irgendwie involviert oder auch Dolmetscher, die gebraucht werden. Je nach Aufgabenbereich können auch Ärzte, Psychologen, Anwälte oder Handwerker dazu gehören.

18. Wie soll diese Zusammenarbeit aussehen?

Wichtig ist eine vertrauensvolle und schnelle Zusammenarbeit. Da in unserem Arbeitskreis von jeder Fraktion ein Abgeordneter teilnimmt, werden viele Informationen schnell weitergeleitet. Außerdem bekommt die Stadt so Prozesse des Arbeitskreises mit und erfährt schnell von Problemen. Diese können in die Parteien weitergeleitet und dort zum Teil gelöst werden.

19. Wie kann für die ehrenamtlichen Helfer ein angemessener Zugang zu den Flüchtlingen geschaffen werden?

Man sollte keine Berührungsängste haben. Ansonsten ist ein offenes Auftreten und eine freundliche Art das Wichtigste. Gut ist es, wenn man Interesse an dem zeigt, was das Leben des Menschen ausgemacht hat. Interesse an dem gelernten Beruf oder den Wohnbedingungen in der Heimat.

Wir stellen den ehrenamtlichen Helfern Zeigebücher mit Fotos zur Verfügung, um den Einstieg in die Kommunikation zu erleichtern. Manche Bücher enthalten auch Erklärungen der Begriffe. Inzwischen gibt es ein Buch, das mit Bildern und wenig Text die deutschen Gewohnheiten und Regeln aufzeigt. Vor einer Patenschaft führen wir Gespräche mit den Flüchtlingen und den Paten und suchen mit Bedacht eine geeignete Konstellation aus. Um einen ersten Kontakt zwischen den Flüchtlingen und den Paten herzustellen, begleitet eine Person des Arbeitskreises das erste Treffen. Diese ersten Treffen finden immer in den Räumlichkeiten der Flüchtlinge statt, damit diese in ihrer gewohnten Umgebung sind und sich wohl fühlen. Während dieser Treffen werden Handynummern ausgetauscht.

Anhang J

Interview mit zwei Kümmerern, die sich ehrenamtlich um Flüchtlinge in NRW kümmern

1. Wie sind Sie auf die Idee gekommen, sich ehrenamtlich um Flüchtlinge zu kümmern?

Vor einem Jahr haben wir an einem Treffen des „Arbeitskreises Asyl" hier vor Ort teilgenommen, da immer mehr Flüchtlinge in unser Dorf kamen und mehr ehrenamtliche Helfer gesucht wurden. Wir haben uns für diese Aufgabe interessiert, und bei dem Treffen wurden Listen ausgelegt, ob man Interesse hätte, sich als Pate oder Kümmerer für ca. 3 Stunden pro Woche zu engagieren. An diesem Abend hat auch ein Kümmerer seine Arbeit vorgestellt. Unsere Wahl fiel auf das Patenamt, da wir uns für die Integration dieser Menschen verantwortlich fühlten. Unsere Angst war, dass die Gefahr der Gewaltbereitschaft steigen würde, wenn die Flüchtlinge unter sich blieben und sie so keine Chance auf Integration haben. Wir waren dann bei einem weiteren Treffen des „Arbeitskreises Asyl", wo es weitere Informationen gab und für uns ein Treffen mit einem Kümmerer hier vor Ort vereinbart wurde. Dieser teilte uns dann eine Halle mit 10 Flüchtlingen zu, um die wir uns kümmern sollten. Die 10 Personen waren alle aus verschiedenen Ländern, allein nach Deutschland gereist und verstanden sich untereinander nicht. Bei unserem ersten Treffen haben wir drei der Personen angetroffen, die alle verschiedene Sprachen sprachen, und eine Verständigung untereinander war kaum möglich. Nach dem Treffen sind wir frustriert nach Hause gegangen und haben uns andere Zugangsmöglichkeiten überlegt. So gingen wir einen Sonntag mit einem Ball zu den Flüchtlingen und versuchten, über ein Fußballspiel Kontakt zu den Menschen aufzunehmen. Leider scheiterte auch dieser Versuch. Wir haben einige Tage später uns freiwillig gemeldet, um Oberbetten an die Flüchtlinge zu verteilen. Wir legten unser Patenamt für die Flüchtlinge nieder und unterstützen dann den Hauptkümmerer bei seiner Arbeit. Da es keine Koordination und keine Absprachen gab, tat jeder ehrenamtliche Helfer das, wozu er Lust hatte, z.B. Flüchtlinge zur Kleiderkammer fahren, und wo er Unterstützungsbedarf sah. Da wir alle wenige Informationen hatten, schaffte sich jeder ehrenamtliche Helfer sein eigenes Tätigkeitsfeld. Die zuständige Sozialarbeiterin wies den Flüchtlingen nur Betten zu, sie unterstützte weder die Flüchtlinge noch uns und unsere Arbeit. Hier vor Ort gab es keine Informationsmaterialien und keinerlei Koordination, Struktur oder Absprachen. Wir entwickelten die Idee, Protokolle anzulegen und festzuhalten, wer sich um welche Aufgaben kümmert und welche Maßnahmen als nächstes anstehen. Mit dieser Art von Struktur konnte der Hauptkümmerer leider gar nicht umgehen, so dass er sich total aus der Arbeit zurückzog und die ganze Arbeit dann an uns hängen blieb. Wir versuchten, uns einen Überblick zu verschaffen und zu helfen, wo es nötig schien. Das Schwierigste war, den vom vorherigen Hauptkümmerer geschaffenen Integrationsraum mit übergeordneten Gruppen, Treffen und Veranstaltungsterminen zu füllen. Wir hatten dann so viel zu tun, dass wir es auch nicht mehr schafften, Protokolle zu schreiben und selber vor der Frage standen, welche Aufgaben gut zu delegieren sind. Inzwischen sind wir mit sieben Kümmerern für die 99 Flüchtlinge hier zuständig und zu unseren „Kümmerertreffen" kommt immer eine Person vom „Arbeitskreis Asyl", damit hier vernünftige Absprachen stattfinden können.

2. Seit wann kümmern Sie sich um Flüchtlinge?

Wir haben damit Ende Oktober 2015 begonnen.

3. Welche Informationen benötigen ehrenamtliche Helfer aus Ihrer Sicht?

Auf jeden Fall Hilfe zur Selbstorganisation, z.B. wie zieht man das selber auf. Einiges war bereits vorhanden, aber wenn etwas nicht da war, dann wusste man nicht, wo es zu finden ist. Auch die Inhalte des „Arbeitskreises Asyl" waren schwer zugänglich, da wir im Anfang auch nicht in der Verteilerliste waren. Man muss wissen, wie man sich selber abgrenzen kann oder auch, wie man selber in einer Gruppe von Flüchtlingen auftritt. Einfache Grundlagen wie z.B. wie nehme ich Kontakt auf, was haben die Flüchtlinge mitgemacht, welche Situationen können auf mich zu kommen und wie begegne ich diesen Menschen. Eine Schulung wäre für die eigene Psychohygiene sinnvoll gewesen. Ich glaube, dass es schwierig ist, die Ehrenamtlichen im Vorfeld auf alles vorzubereiten. Man muss wenigstens Grundlagenwissen haben zum Umgang mit ausbrechenden Traumata, damit man sich in der Situation richtig verhalten kann.

4. Haben Sie vorher eine Schulung mitgemacht oder ein Seminar besucht zur Vorbereitung auf diese Arbeit?

Nein, so etwas gab es hier leider nicht. Hier waren alle überfordert, da einfach zu viele Menschen in zu kurzer Zeit kamen.

5. Würden Sie sich Unterstützung wünschen? Wenn ja, welche?

Gut ausgebildete Sozialarbeiter, die die Ehrenamtlichen koordinieren und Struktur in das Chaos bringen. Es wäre gut gewesen, wenn Helfer aus anderen Flüchtlingseinrichtungen, die bereits in anderen Flüchtlingsunterkünften Erfahrungen gesammelt haben, diese hier mit einfließen hätten lassen und so beim Anlaufen geholfen hätten. Sie hätten die Prozesse mit begleiten können. Die Stadt sollte die Organisation von Abläufen unterstützen und für einen guten Informationsfluss sorgen. Es wäre gut gewesen, wenn es einen Organisator gegeben hätte, der festlegt, wer was macht und so Struktur schafft. Die Stadt sollte Oberhand haben und die Verantwortung dafür tragen. Alles selber organisieren müssen, ist zu viel Arbeit, gerade weil oft sehr hohe Anforderungen an einen gestellt werden. Ich fände Supervision für die ehrenamtlichen Helfer total wichtig, um eigene Frustrationen abzubauen. Außerdem wäre es gut zu lernen, wie man sich selbst abgrenzt. Man bräuchte mehr Menschen, die sprachlich vermitteln könnten, dieses übernehmen oft Flüchtlinge, die gut englisch sprechen. Auch könnte es hilfreich sein, wenn man jemanden gehabt hätte, der sich mit dem sozialen Zusammenleben von Flüchtlingen auskennt. Eine Anlaufstelle für Ehrenamtliche wäre gut, die Sicherheit gibt und Informationen bereithält.

6. Welche Voraussetzungen sollte ein ehrenamtlicher Helfer mitbringen?

Eine hohe Frustrationstoleranz, da die Abstimmung zwischen Ehrenamtlichen und Hauptamtlichen bei der Stadt schwierig war. Generell ist die Kooperation mit der Stadt schwierig, da Ehrenamtliche auf Grund des Datenschutzes keine Daten und Informationen über neue Flüchtlinge erhalten dürfen. Diese Informationen benötigen die Ehrenamtlichen aber, um sich um die neuen Flüchtlinge kümmern zu können. Eine gute psychische Kondition, Humor, und er sollte kommunikativ sein. Man darf auf gar keinen Fall alles persönlich nehmen. Kreativität ist auf jeden Fall gefragt, und man sollte zeitlich flexibel sein. Wichtig ist es, seine eigenen Grenzen zu kennen, um zu wissen, wo die eigene Arbeit endet und die Zuständigkeit an die Flüchtlinge übertragen werden kann. Manche Paten hängen sich so in ihre Arbeit, dass sie die Flüchtlinge von sich abhängig machen.

7. Welche konkreten Aufgaben übernehmen Sie im Umgang mit den Flüchtlingen?

Eigentlich alles, wir helfen bei Ämtergängen und Wohnungseinrichtung. Oft begleiten wir Kinder und Schwangere zu Arztterminen und suchen neue Paten, die wir dann an die Flüchtlinge vermitteln. Wir putzen die Räume in den Flüchtlingsunterkünften, helfen beim Aufbau von Möbeln, regeln Umzüge, koordinieren ehrenamtliche Helfer und erstellen Listen, die einzelnen Personen konkrete Aufgaben zuweisen. Wir organisieren Fahrräder für die Flüchtlinge und helfen bei der Suche nach Kleider- oder Gerätespenden. Ich habe teilweise das Gefühl, Dinge zu übernehmen, für die ich nicht zuständig bin.

8. Welche Kompetenzen benötigen ehrenamtliche Helfer aus Ihrer Sicht?

Man braucht eine gute Sozialkompetenz und Improvisationstalent. Außerdem sollte man eine hohe Frustrationstoleranz mitbringen.

9. Wie viele Stunden pro Woche stecken Sie in die Arbeit mit Flüchtlingen?

Inzwischen ist diese Aufgabe zu unserem Lebensinhalt geworden. Ich schätze, dass wir uns pro Tag ca. 3 Stunden mit der Arbeit um und für Flüchtlinge beschäftigen. Das heißt, pro Woche sind das zwischen 15 und 20 Stunden.

10. Warum ist es Ihrer Meinung nach so wichtig, Ehrenamtliche in die Versorgung von Flüchtlingen zu integrieren?

Ehrenamtliche sind Vertreter der Gesellschaft, und ich finde, dass die Flüchtlinge nicht nur mit Behörden Kontakt haben sollen. Nur durch den Kontakt zu einheimischen Bürgern kann Integration gelingen. Es sollte eine menschliche Ebene hergestellt werden. Die ehrenamtlichen Helfer begleiten die Flüchtlinge in ihre Wohnungen und stellen gute menschliche Kontakte her. So haben die Ehrenamtlichen gute Chancen, die Scheu vor den Fremden zu überwinden. Wenn man die Menschen kennt, dann verliert man die Angst vor ihnen. Z.B. die Angst vor Kriminalität, Angst vor dem, was diese Menschen für unsere Gesellschaft bringen oder Angst vor Gruppen von Männern mit fremder Herkunft. Auch verschleierte Menschen lösen bei uns Angst aus. Wir haben das bei einer Flüchtlingsfamilie hier erlebt. Da waren wir auch erst etwas zurückhaltend, da diese durch die komplette Verschleierung sehr fremd wirken. Inzwischen haben wir sehr guten Kontakt zu der Familie und können einfach nur sagen, dass das eine ganz nette Familie ist, aber man muss eben Kontakt zu denen haben, um dies festzustellen.

Für mich ist damit auch der Wunsch verbunden, dass ich selber auch so begleitet werden möchte, wenn ich selber mal in so eine Situation komme sollte.

11. Mit welchen anderen Berufsgruppen arbeiten Sie zusammen?

Mit städtischen Mitarbeitern, Immobilienmanagementmitarbeitern und mit dem Sozialamt. Wir arbeiten mit Mitarbeitern aus allen städtischen Stellen zusammen, die für Flüchtlinge in irgendeiner Weise zuständig sind. Darüber hinaus haben wir Kontakt zu den Stadtwerken, der Sparkasse, Möbeltransportern und Ärzten. Natürlich arbeiten wir auch mit Mitarbeitern des Arbeitsamtes, des BAMF, den Mitarbeitern des „Arbeitskreises Asyl" und den Paten und Kümmerern zusammen. Einmal habe wir uns über eine Uni einen Mediator geholt, um einen Konflikt zwischen zwei Familien zu lösen, was leider gar nichts gebracht hat.

12. Haben Sie Kontaktdaten, um bei Bedarf Kontakt zu professionellen Helfern herstellen zu können?

Ja, heute gibt es von der Stadt Listen mit Dolmetschern und Ärzten. Als wir letztes Jahr mit unserer Arbeit begonnen hatten, gab es das noch nicht. Auch im Internet findet man dazu nichts. Das war im Anfang für uns wirklich sehr schwierig. Wir haben es als hilfreich erlebt, dass wir Personen kannten, die schon Erfahrung mit der Unterstützung von Flüchtlingen hatten. Sie waren auf manche Probleme, die mit den Flüchtlingen auftreten können, vorbereitet. Letztes Jahr kamen pro Tag ca. 30 Flüchtlinge in unser Dorf.

13. Welche Verbesserungsvorschläge haben Sie für die Kooperation zwischen ehrenamtlichen und professionellen Helfern?

Eigentlich gibt es hier keine Kooperation zwischen Ehrenamtlichen und Hauptamtlichen, es sei denn, man habe privat Kontakt zu irgendwelchen Hauptamtlichen. Sinnvoll wäre eine Liste, die die Aufgaben von ehrenamtlichen und hauptamtlichen Helfern klar voneinander abgrenzt. Hier sind es auch generell zu wenige Sozialarbeiter, wodurch es zu Mängeln wie z.B. bei der Sauberkeit kommt.

Ich denke, eine moderierte Mediation bei übergreifenden Treffen zwischen Haupt- und Ehrenamtlichen wäre sinnvoll. Man bräuchte Raum für einen guten Austausch untereinander. Ein großes Problem ist die rechtliche Barriere durch den Datenschutz. Diese hindert die Ehrenamtlichen an einer guten Arbeit, da Daten nicht weitergegeben werden dürfen. Die ehrenamtlichen Helfer müssten jedoch wissen, wer schulpflichtig ist oder wer schon einen Sprachkurs besucht hat und was bei den einzelnen Personen bereits an Hilfe und Unterstützung gelaufen ist, damit man entsprechend dort anknüpfen und helfen kann. Die Stadt müsste mehr Rücksicht auf die ehrenamtlichen Helfer nehmen, dass sie mehr Informationen erhalten oder eine Plattform im Internet errichten für die Koordination von Fahrdiensten oder Listen mit Gegenständen, die fehlen und gespendet werden können.

14. Was fehlt aus Ihrer Sicht in der Flüchtlingshilfe zurzeit am meisten an Unterstützung?

Paten, die die persönliche Betreuung der Flüchtlinge gewährleisten. Außerdem fehlt es an Sprach- und Integrationskursen. Diese Arbeit wird übergangsweise von ehrenamtlichen Mitarbeitern des „Arbeitskreises Asyl" geleistet. Aber man bräuchte verpflichtende Sprachkurse mit Sanktionen bei Nicht-Erscheinen der Teilnehmer. Wir haben hier inzwischen eine Zweiklassengesellschaft von Flüchtlingen. Die, die aus Syrien, Irak, Iran und Eritrea kommen und deren Asylanträge mit großer Wahrscheinlichkeit anerkannt werden, und dann die Flüchtlinge, die aus anderen Ländern kommen und schlechte Chancen haben, dass ihr Asylantrag anerkannt wird. Generell müssen die Flüchtlinge zum Teil ein halbes Jahr warten, bis sie ihren Asylantrag stellen dürfen. In diesem halben Jahr sitzen sie untätig `rum und haben keine feste Tagesstruktur. Außerdem müsste die Ausweisung von Flüchtlingen schneller geschehen. Aber dazu zieht sich das Asylverfahren derzeit noch zu sehr in die Länge. Darüber hinaus fallen einige Flüchtlinge durch das Netz, wenn sie nicht angesprochen werden. Das System ist zu groß. Zu den Spitzenzeiten hatten wir hier 160 Flüchtlinge, von denen teilweise nur die Namen bekannt waren. Da ist klar, dass einige durch das Netz fallen, wenn sie sich nicht selber melden, wenn sie etwas benötigen.